Elogios al libro

JONATHAN KOZOL
AUTOR, DE "RESURRECCIONES ORDINARIAS"

Es un hermoso libro, de incomparable dignidad y ternura . . . Espero que sea muy leído, y no sólo por aquellos que se consideran religiosos. Aunque escrito con una gran sencillez de estilo, no por ello deja de ser una obra de misterio moral . . . un pequeño tesoro, nada pretencioso y, sin embargo, trascendente.

CICELY SAUNDERS
FUNDADORA DEL HOSPICIO ST. CHRISTOPHER, LONDRES

Las personas que han perdido a uno de sus seres queridos tienen a su disposición muchos libros sobre el tema, pero este tiene una fuerza especial.

PAUL BRAND, M.D.
AUTOR DE "DOLOR: EL REGALO QUE NADIE DESEA"

He leído muchos libros sobre la muerte, pero este es uno de los que regalaría a alguien que tratara con la muerte o que afrontara el dolor por la pérdida de un ser querido. Brilla, lleno de esperanza, desde el principio hasta el final. Cuando me llegue la hora, quisiera tener un ejemplar junto a mi lecho.

JOHN DEAR, S. J.
AUTOR DE "EL DIOS DE PAZ"

Arnold me desafía a afrontar mi propio temor a la muerte . . . Las historias que cuenta me animan a abrazar al Dios de vida. Son un gran consuelo.

MILTON W. HAY

CONSEJO NACIONAL DE PROFESIONALES DE HOSPICIOS

Este libro es un recurso clínico e inspirador extraordinariamente útil. Abrirse a su contenido es como encontrarse con una vista insoportablemente amplia de la vida.

DOCTORA MARY E. O'BRIEN

CENTRO DE SALUD OVERLAKE, BELLEVUE, WA

Este libro debería ser de lectura obligada para todas las personas relacionadas con la atención sanitaria, así como para cualquiera que busque las respuestas a las preguntas más desconcertantes de la vida.

REVERENDO DOCTOR WILLIAM GROSCH

CENTRO PSIQUIÁTRICO DE LA CAPITAL DEL DISTRITO, ALBANY NY

Esta verdadera joya de libro dice mucho sobre el amor de Dios y me ha hecho derramar lágrimas de tristeza, pero también de alegría. Recomiendo su lectura a todos aquellos que han asumido como profesión el ayudar a los demás.

VERNON GROUNDS

SEMINARIO DE DENVER, DENVER, CO

Este libro es un maravilloso testigo acerca de cómo el temor a la muerte no debería tener la última palabra. Agita e incluso despierta el alma.

No tengas miedo

No tengas miedo

COMO SUPERAR EL TEMOR A LA MUERTE

Johann Christoph Arnold

PLOUGH PUBLISHING HOUSE

Publicado por Plough Publishing House
Walden, Nueva York
Robertsbridge, Inglaterra
Elsmore, Australia
www.plough.com

Copyright © Plough Publishing House, 2015
Todos los derechos reservados.

ISBN 13: 978-0-87486-687-2
Título original en inglés: *Be Not Afraid*
Traducido del inglés por J. M. Pomares

Las citas bíblicas son de la Nueva Versión Internacional;
de lo contrario se indicará la fuente.

Prólogo de Madeleine L'Engle © 1996 by Crosswicks, Ltd.
Fotografía de la portada © 1996 by Farrell Grehan

Library of Congress Cataloging-in-Publication Data

Arnold, Johann Christoph, 1940-
[Be not afraid. English]
No tengas miedo : como superar el temor a la muerte / Johann Christoph Arnold.
pages cm
Includes bibliographical references and index.
ISBN 978-0-87486-687-2 (pbk. : alk. paper)
1. Death--Religious aspects--Bruderhof Communities. 2. Bruderhof
Communities--Doctrines. I. Title.
BT825.A6913 2015
248.8'6--dc23

2015010072

Dios es amor. Él que permanece en amor, permanece en Dios, y Dios en él. Ese amor se manifiesta plenamente entre nosotros para que en el día del juicio comparezcamos con toda confianza, porque en este mundo hemos vivido como vivió Jesús. En el amor no hay temor, sino que el amor perfecto echa fuera el temor.

1 JUAN 4:16–18

Índice

Prólogo
Madeleine L'Engle

Una noche, mientras mis hijos hacían sus deberes escolares, yo estaba sentada a mi mesa de despacho, escribiendo, cuando entró un joven de la escuela superior y me preguntó: «Madeleine, ¿le tiene usted miedo a la muerte?».

Sin volverme apenas a mirarlo, le contesté: «Sí, Bob, desde luego». El joven se sentó ostentosamente en una silla y exclamó: «¡Menos mal! Nadie más se atreve a admitirlo».

La muerte es cambio y el cambio siempre infunde temor, además de ser desafiante, pero mientras no admitamos ese temor, no podremos aceptar el desafío que nos plantea. Hasta que no admitamos el temor, no podremos experimentar la seguridad, en lo más profundo de nuestros corazones, de que, en efecto, no tenemos miedo.

No tengas miedo es un libro maravilloso que trata sobre la clase de ausencia de temor ante la muerte a la que se llega a pesar de los temores normales que sentimos, sin que importe lo profunda que sea nuestra fe. De hecho, únicamente la fe profunda puede admitir el temor, para luego seguir hacia la comprensión de que Dios puede seguir actuando tanto a través de nuestras tragedias como de nuestras alegrías, de que nunca nos abandona, ni siquiera cuando nos vemos afectados por los accidentes y las enfermedades.

También me siento agradecida por el hecho de que *No tengas miedo* aborde la paradoja de nuestra forma abusiva de utilizar el gran don del libre albedrío y la elaboración del plan de amor divino para el universo. No, Dios no causa ni quiere la muerte de un niño, pero puede consentir todas las cosas, por muy terribles que sean. Dios puede ayudarnos a soportarlas e incluso a formar parte de ellas.

En una sociedad tan temerosa de la muerte, no del temor normal expresado por Bob, sino de ese terrible temor que nos rodea cuando no nos hallamos centrados en Dios, tendemos a aislar al moribundo, como si la muerte fuese contagiosa. Sí, todos morimos, no hay excepciones, pero no tenemos por qué morir solos. Me llevaron una vez a un hermoso y nuevo hospital oncológico, en cada una de cuyas habitaciones había lo que parecía ser una pequeña mesa de caoba. En apenas un instante se podía desplegar y convertir en una cama, para que un miembro de la familia o un amigo pudiera acompañar a la persona enferma.

Tuve así el privilegio de estar con mi esposo, de sostenerle en el momento de su muerte. Se me ha dado así la gracia de poder estar con otras personas en el instante en que efectúan la gran transición. Quizá cuando contesté tan rápidamente a la pregunta de Bob con un «Sí, desde luego», me refería a un profundo respeto, antes que al temor o al pánico, un respeto que algunos de nosotros tememos afrontar.

Hubiera deseado que una amiga hubiera puesto este hermoso libro en mis manos cuando murió mi esposo. Ensalza la vida y, al ensalzarla, respeta la muerte. También respeta al Creador que nos hizo a todos con tanto amor. Dios llegó a vivir entre nosotros como Jesús, para mostrarnos cómo vivir y cómo morir, y eso nos da la seguridad de la resurrección y de la vida eterna, es decir, de la vida más allá del tiempo y de todo lo que es transitorio, en el amor de Dios, por los siglos de los siglos.

Goshen, Connecticut

Introducción

¿Tienes miedo a morir? ¿Conoces a alguien que lo tenga? ¿Te has preguntado alguna vez cómo sobreviviría a la pérdida de alguien a quien amas? De una forma consciente o no, toda expresión de vida se ve afectada tarde o temprano por la muerte y, en consecuencia, toda persona tiene que enfrentarse con estas cuestiones en uno u otro momento de su vida. Precisamente por eso he escrito este libro.

No podemos evitar la muerte. Se cierne como una sombra sobre las vidas de todos. Ahora vivimos más tiempo de lo que vivieron nuestros abuelos, estamos mejor alimentados, perdemos a menos recién nacidos, las vacunas nos protegen de epidemias otrora tan temidas, los hospitales dotados de alta tecnología salvan a pacientes necesitados de un nuevo riñón o de otro corazón, pero seguimos siendo mortales. Y aunque hayamos tenido tanto éxito en protegernos de las plagas que diezmaron a generaciones anteriores, tampoco nos faltan nuestras propias plagas, desde el suicidio, el aborto, el divorcio y la adicción a las drogas, hasta el racismo, la pobreza, la violencia y el militarismo. Según ha dicho Juan Pablo II, vivimos en una cultura de la muerte.

También es una cultura del temor. Por temor a la vejez, ocultamos a nuestros ancianos en residencias geriátricas. Por temor a la delincuencia, nos protegemos con armas y puertas blindadas. Por temor a la gente que no tiene nuestro mismo aspecto o que no gana tanto como nosotros, nos instalamos a vivir en zonas residenciales «protegidas». Por temor a otras naciones, imponemos sanciones y lanzamos bombas. Ahora, empezamos incluso a sentir miedo por nuestra propia descendencia, convertimos las escuelas en prisiones virtuales y nuestras prisiones en campos de concentración y en morgues. A todas estas se pueden añadir varias ansiedades más, que impulsan a millones de personas hacia la distracción, al menos en el momento de escribir esto: el terrorismo, la guerra biológica y los aviones que caen del cielo.

Con ocho hijos y unas dos docenas de nietos, sé muy bien lo que significa pensar en el futuro y sentirse asustado. Tras haber permanecido a la cabecera de la cama de amigos y parientes moribundos, y haber luchado junto a ellos, también tengo una ligera idea de lo que significa afrontar la muerte. Y, lo que es más importante, he visto la paz que irradia de aquellos que no sólo han combatido sus temores, sino que también han encontrado la fortaleza para superarlos. Esa paz me transmite valor y esperanza y al contarle sus historias, confío en que contribuyan a hacer lo mismo por ti, lector.

Hombres y mujeres corrientes, esas personas también tuvieron su cuota de malos tiempos, de luchas, obstáculos y momentos bajos. Lloraron, se sintieron asustadas, necesitaron consuelo y seguridad. La mayoría de ellas se habrían desmoronado de no haber encontrado apoyo. Mas, para mí, su importancia radica no tanto en la forma en que murieron como en la forma en que se prepararon para la muerte, ya fuesen conscientes de ello o no: viviendo la vida plenamente y no para sí mismos, sino para otros. Ninguna de ellas fue en modo alguno perfecta, pero al servir a una causa mayor que ellas mismas, se les dieron ojos para ver más allá de sus propias necesidades, y valor para soportar el sufrimiento sin dejarse derrotar por él.

Una de las historias incluidas en este libro ocurrió tan repentinamente y es tan reciente, que todavía intento adaptarme y comprenderla. El padre Mychal Judge, monje franciscano y capellán del servicio de bomberos, se encontraba realizando sus actividades cotidianas en su parroquia de San Francisco, en Nueva York, cuando otro sacerdote entró precipitadamente en la estancia para decirle que lo necesitaban con urgencia en el lugar de un gran incendio. Era el 11 de septiembre de 2001 y el lugar afectado eran las Torres Gemelas del «World Trade Center», que acababan de ser alcanzadas por dos aviones secuestrados y se hallaban envueltas en llamas.

Tras ponerse precipitadamente el uniforme y acudir presuroso al centro de la ciudad, el padre Mike no tardó en encontrarse arrodillado en una acera, junto a las Torres Gemelas, administrando los últimos sacramentos a un bombero alcanzado por el cuerpo de una mujer, caído desde lo alto. Mientras rezaba por el hombre, el propio padre Mike fue alcanzado fatalmente por una gran cantidad de escombros.

Además de su trabajo como capellán del departamento de bomberos de Nueva York, el padre Mike también era un destacado defensor de la gente que moría de sida, y se le conocía en toda la ciudad por el amor que demostraba hacia los oprimidos. Con un puñado de dólares «rescatados» de amigos que se podían permitir el lujo de prescindir de ellos, siempre tenía algo que dar a una persona necesitada que encontrara en la calle.

En 1999 viajamos juntos por Irlanda del Norte, con un amigo común, el detective Steven McDonald, de la policía de Nueva York, promoviendo el diálogo y la reconciliación. En el año 2000 hicimos un segundo viaje a Irlanda y, en el momento de su muerte, estábamos en las fases finales de la planificación de otro viaje similar a Israel y a Cisjordania.

El padre Mike empleó los últimos minutos de su vida sobre la tierra en infundir ánimo en otra persona, volviéndola hacia Dios y, dicho del modo más sencillo posible, esa es la misma razón por la que he escrito este libro: para infundir al lector el ánimo de dirigirse hacia Dios. Tal como demuestran las historias aquí narradas, en Dios se encuentra consuelo y fortaleza, incluso para el alma más angustiada.

J. C. A.

Rifton, Nueva York

1

Fundamentos

Mi hermana Marianne murió
un día después de nacer, cuando yo tenía seis años. No
llegué a verla con vida y, sin embargo, influyó sobre mi
infancia como muy pocos otros seres lo han hecho. Su
nacimiento y muerte causó un impacto decisivo sobre
mis hermanas y sobre mí y, años más tarde, también
sobre mis propios hijos.

Era el año 1947 y mi familia vivía en los bosques perdidos de Paraguay, en una pequeña comunidad cristiana
que hacía funcionar un primitivo hospital. Poco antes
del nacimiento de Marianne, tras dos días de un parto
extremadamente difícil y amenazador para su vida, el
corazón de mi madre falló de repente. Afortunadamente,
el personal del hospital la pudo reanimar, aunque permaneció inconsciente. Mi padre rogó a los médicos que

le practicaran una cesárea, pero estos le advirtieron: «Su esposa morirá si operamos. El único modo de salvarla es abortar al bebé; en caso contrario, ambos morirán, la madre y el bebé».

Fue una situación increíblemente difícil; mis padres estaban firmemente convencidos de la santidad de toda expresión de vida. Papá salió a los bosques, para rezar a solas. Cuando regresó, mamá había recuperado el conocimiento, aunque su estado seguía siendo crítico. Entonces, inesperadamente, el bebé nació de modo natural. Tenía un pequeño hematoma en la cabeza, provocado por los instrumentos utilizados, pero, por lo demás, parecía sano. Mis padres estaban seguros de que el desenlace se debía a la intervención de Dios.

Mamá, sin embargo, tuvo la sensación de que el bebé no estaba del todo bien. Marianne no lloraba y tampoco abrió los ojos. Murió al día siguiente. Pocas semanas más tarde, mamá le escribió a su hermano, en Alemania:

Resulta muy duro admitir que esta niña, que tanto deseábamos y que nació en medio de tanto dolor, nos había dejado antes de que tuviéramos tiempo de conocer qué clase de persona sería. A veces, todo lo sucedido parece irreal, como una pesadilla fugaz. Pero cuanto más lo pienso, más agradecida me siento por el hecho de que Marianne naciera con vida. Nos aportó una gran alegría, aunque sólo fuese por unas pocas horas e indujo un amor más profundo del uno por el otro. De este modo, y a pesar de la brevedad de su vida, tengo la sensación de que cumplió una tarea en la tierra.

En cuanto a papá, durante el resto de su vida se sintió agradecido a Dios por no haber tomado la decisión de abortar al bebé. La experiencia consolidó su convicción de que la vida de toda alma sobre la tierra siempre tiene un propósito divino, por muy breve o larga que aquélla sea. Me transmitió a mí esa misma convicción, en forma de un profundo respeto no sólo por el misterio del nacimiento, sino también por el de la muerte y por la naturaleza sagrada de toda vida humana, independientemente de su duración.

Por aquella época, claro está, yo no era más que un niño corriente, que únicamente hacía travesuras y que con frecuencia se metía en problemas. Como la mayoría de los otros chicos con los que crecí, sentía verdadera pasión por cabalgar a pelo y por las secretas excursiones de caza, y me encantaba observar el trabajo de los gauchos con sus rebaños y cómo montaban sus caballos. Mi imaginación se desbocaba con el sueño de convertirme algún día en un gaucho. Sin embargo, el impacto de Marianne sobre mí siempre estaba presente, como una semilla que germinó lentamente y que echó raíces en mi corazón . . . donde todavía está.

—

La vida era exuberante en nuestro paraíso, pero también nos acechaban la enfermedad y la muerte. En el hospital de la misión, donde a menudo acudía en compañía de papá para entregar alimentos y suministros, observábamos cada día atisbos de la miseria humana. Muchos de los pacientes sufrían malnutrición. Predominaban la lepra y la tuberculosis. Había casos de partos muy complicados, los niños morían de afecciones respiratorias, de meningitis o a causa de la deshidratación, y había hombres heridos por árboles caídos o por machetazos, tras peleas entre borrachos.

Papá nos hablaba a menudo de Jesús y de cómo llegó para consolar a los pobres. Nos habló de hombres y mujeres que, a lo largo de los siglos, lo habían abandonado todo en nombre de Jesús. Una de nuestras historias favoritas era la de Vassili Ossipovitch Rachoff, un joven aristócrata ruso que abandonó a su familia y toda su riqueza y se dedicó a ir de pueblo en pueblo para ayudar a los que sufrían y a los moribundos. Pensé mucho y con frecuencia en Rachoff.

Durante mi adolescencia, pasé varios meses lejos de mi familia, trabajando en una misión en Asunción, la capital de Paraguay. Mi trabajo consistía principalmente en realizar recados y hacer todo tipo de tareas en la casa.

A menudo me saltaba el servicio religioso dominical y desaparecía en los barrios pobres, donde tenía muchos amigos. Sus condiciones de vida eran abrumadoras: atestadas cabañas de bambú recorridas por canalizaciones abiertas de aguas fecales. Las moscas y mosquitos eran horrendos. Cientos de niños deambulaban por los callejones, muchos de ellos huérfanos, convertidos en expertos ladrones. Algunos trabajaban como limpiabotas, a cinco centavos el par de zapatos, un trabajo que me parecía tan intrigante que no tardé en conseguir una caja y unirme a ellos siempre que podía. Poco a poco, algunos de aquellos muchachos me fueron contando sus vidas. Los padres de muchos habían resultado muertos en peleas o por las enfermedades tropicales. Habían visto morir a hermanos a causa de enfermedades o deficiencias y ellos mismos sólo sobrevivían sumidos en condiciones de vida muy duras, rodeados por el temor y el peligro constantes.

Al estallar una revolución en la ciudad, buena parte de los enfrentamientos armados se produjeron justo en nuestra calle. Oímos el retumbar de los cercanos tanques y el fuego de ametralladora por la noche. Las balas silbaban sobre nuestra casa. Desde las ventanas vimos a soldados que resultaban muertos. Aquello era la guerra y yo sólo tenía trece años, estaba lejos de mi familia y me sentía asustado. ¿Y si me disparaban?

Mi tía abuela Mónika, que vivía en la casa con nosotros, observó lo asustado que estaba y me consoló. Enfermera de profesión, Mónika había servido en el frente durante

la Primera Guerra Mundial y me contó que los soldados moribundos recostaban la cabeza sobre su regazo
y sollozaban como niños pequeños en su dolor y en su
temor ante la muerte; lloraban con remordimiento por
sus pecados y se angustiaban porque ya nunca volve-
rían a ver a sus seres queridos. Gracias a su profunda fe,
Mónika los había conmovido, consolado y guiado hacia
Jesús antes de que muriesen.

Sin embargo, una pregunta seguía royéndome: ¿Por
qué tiene que morir la gente? ¿Y por qué hay tanta maldad
y perversidad en el mundo? Mónika me leyó el pasaje de
Romanos 8 acerca de cómo toda creación anhela la redención. Aminoró así mis temores y, especialmente, mi temor
a la muerte. Lo mismo que papá, me dijo que en alguna
parte del universo Dios prepara un lugar para nosotros
y yo tuve la sensación de que se trataba de un lugar muy
real y no de algo abstracto. En muchas ocasiones me sentí
tranquilizado por esa convicción. También encontré consuelo en la maravillosa promesa que nos hace Jesús en el
Evangelio de Mateo 28:20: «Y les aseguro que estaré con
ustedes siempre, hasta el fin del mundo».

Unos diez años más tarde me encontré de nuevo con
la muerte, de una forma muy personal. (Mi familia vivía
por entonces en Estados Unidos, tras haber abandonado América del Sur, para ayudar a construir una nueva
rama de nuestra comunidad en Rifton, Nueva York.)

El Movimiento Pro Derechos Civiles estaba en todo su apogeo y nadie podía ser indiferente al mismo. Martin Luther King fue y sigue siendo para mí una figura inspiradora. La fe que tenía en la causa de la justicia era inconmovible y parecía no tener ningún miedo, a pesar de ser odiado por tantos y amenazado con tanta frecuencia, por lo que la muerte debió de haberle acechado continuamente en el fondo de su mente. Así lo admitió pocos días antes de su asesinato y explicó también por qué se negaba a ceder ante el temor.

Me gustaría vivir una larga vida, como a cualquiera. La longevidad tiene su valor. Pero ahora no me siento preocupado por eso. Sólo quiero cumplir con la voluntad de Dios. Y él me ha permitido que ascienda a la montaña. He mirado desde allí y he visto la tierra prometida. Es posible que no llegue a ella con vosotros, pero esta noche quiero que sepáis que, como pueblo, ¡llegaremos a la tierra prometida! Así que esta noche me siento feliz. No me preocupa nada. No temo a ningún hombre. ¡Mis ojos han visto la gloria de la llegada del Señor!

La vida de Luther King me transmitió un mensaje importante. En la primavera de 1965 un amigo y yo viajamos a Alabama y experimentamos de primera mano el profundo amor y humildad de Luther King. Estábamos visitando el «Instituto Tuskegee» cuando nos enteramos de la muerte de Jimmie Lee Jackson, un joven que había sido gravemente herido ocho días antes, cuando la policía disolvió una manifestación pacífica en la cercana ciudad de Marion.

Más tarde, los testigos describieron una escena del mayor caos: espectadores blancos destrozaron las cámaras y dispararon contra las luces de las farolas en las calles, mientras la policía atacaba brutalmente a los manifestantes negros, muchos de los cuales rezaban en los escalones de acceso a una iglesia. Jimmie, que había visto a un policía estatal golpear implacablemente a su madre, atacó al hombre y recibió un disparo en el estómago y fue golpeado con porras en la cabeza hasta que casi lo mataron. Al negársele el ingreso en el hospital local, lo llevaron a Selma, donde pudo contar lo ocurrido a los periodistas. Murió varios días más tarde.

Ante la noticia de la muerte de Jimmie nos dirigimos inmediatamente a Selma. El féretro, expuesto en la capilla Brown, estaba abierto y aunque el encargado de las pompas fúnebres había hecho todo lo posible por disimularle las heridas, no pudo ocultar las peores, recibidas en la cabeza: tres hendiduras, cada una de ellas de unos dos centímetros de ancho y unos siete de largo.

Profundamente conmovidos, nos quedamos para asistir al servicio funerario en memoria de Jimmie. La sala estaba tan atestada que el único lugar donde pudimos sentarnos fue en el alféizar de una ventana, al fondo; frente a la iglesia también había mucha gente.

Por extraño que parezca, durante el servicio religioso no se escuchó una sola nota de cólera o venganza. En lugar de eso, de la congregación irradiaba un ambiente de valor y de paz. Y cuando todos nos levantamos para cantar el viejo cántico del esclavo: «No permitiré que nadie me obligue a retroceder», el espíritu de triunfo fue tan poderoso que un espectador casual jamás habría podido imaginar la razón por la que nos habíamos reunido allí.

En un segundo servicio religioso al que asistimos en Marion, el ambiente era decididamente más apagado. A lo largo de la entrada del tribunal del condado y a través de la calle, se mantenía una larga hilera de policías estatales, con las manos ostentosamente apoyadas en las porras, mirándonos directamente. Aquellos eran los mismos hombres que habían atacado a los manifestantes negros de Marion apenas unos días antes. Al abandonar el servicio religioso para asistir al funeral, pasamos primero delante de ellos y luego ante una multitud de alborotadores que se habían reunido en el cercano ayuntamiento. La policía, armada con prismáticos y cámaras, además de armas de fuego, nos examinó y registró a cada uno de nosotros; los alborotadores, aunque desarmados, nos siguieron con insultos y gritos.

En el cementerio, Luther King habló de perdón y de amor. Rogó a todos los presentes que rezaran por la policía, que perdonasen al asesino de Jimmie y a todos aquellos que los perseguían. Luego, entrelazamos las manos y cantamos «Lo superaremos».

Aunque conocer a Martin Luther King fue una experiencia formativa, nadie influyó en mi perspectiva sobre la muerte y el acto de morir tanto como mis padres. Papá sufrió mucho en vida. En varias ocasiones estuvo gravemente enfermo, casi hasta el punto de morir pero, milagrosamente, siempre salió adelante. Mamá, cuatro años mayor que él, era vigorosa y activa y casi nunca estaba enferma. Los niños asumimos que papá moriría antes que mamá. Pero Dios tenía otros planes. En septiembre de 1979 se descubrió que mamá tenía cáncer en los nódulos linfáticos. Su salud se deterioró rápidamente y ella, que se había pasado la vida atendiendo a los demás, pronto se vio como una inválida que necesitaba de atención, un hecho que le resultó difícil de aceptar. Sin embargo, y a pesar de su gran sufrimiento, confió en Dios y se sometió a lo que en su opinión era la voluntad divina. Encontró paz mental y afrontó el final sin temor.

El día en que los médicos informaron a nuestra familia sobre la enfermedad de mamá, mis padres lloraron y nosotros lloramos con ellos. Luego, se miraron el uno al otro. Nunca olvidaré el amor que había en sus ojos. Se volvieron hacia nosotros y nos dijeron: «Ahora, cada día y cada momento son importantes. No debemos desperdiciar ninguna oportunidad de demostrar nuestro amor a nuestros hermanos y hermanas, a los niños y a nuestros invitados». Mamá nos dijo que confiáramos completamente en la sabiduría y la guía de Dios. Fue un momento muy desgarrador, pero profundamente conmovedor.

Apenas unos meses más tarde, en el invierno de 1979, tres ancianos miembros de nuestra iglesia murieron en un período de apenas dos semanas. Los tres habían estado muy unidos a mis padres durante muchos años y sus muertes afectaron mucho a mamá, que se debilitó ostensiblemente con cada una de ellas. Primero falleció la madre de mi padre, mi «Oma», a la edad de noventa y cinco años. A mamá le dolió no sentirse lo bastante bien como para amortajar el cuerpo de Oma para el funeral o preparar la sala en la que quedó expuesto su cuerpo. Siempre le había parecido un privilegio poder realizar «ese último servicio de amor», como ella misma decía, para los miembros de nuestra comunidad.

Pocos días más tarde, cuando falleció Dora, una mujer a la que mamá conocía desde hacía más de cincuenta años, llevé a mis padres a verla por última vez. Mamá la miró con una inolvidable expresión de ternura y, aunque no pudo asistir al funeral, se levantó de la cama y permaneció temblorosa en la puerta, en un respetuoso silencio, mientras el cortejo fúnebre de Dora pasaba ante nuestra casa.

A la semana siguiente murió Ruth, una antigua compañera de clase de mi padre. Para su funeral, mamá se vistió y permaneció sentada en la cama. Evidentemente, era mucho más de lo que sus fuerzas le permitían soportar, pero ella insistió en demostrar su profundo respeto y amor a Ruth.

Niños de nuestra iglesia acudían a menudo a visitar a mamá y la confianza que demostraban en su recuperación tenía sobre ella un efecto inmediato: cuando estaba en su presencia, se mostraba tranquila e irradiaba paz. A menudo, exclamaba con un suspiro: «¡Los niños, mis niños!». Ella no lo sabía, pero lo cierto es que los niños se reunían muchas veces en secreto para rezar por su recuperación.

Mamá murió en marzo de 1980, cinco meses después de que se le diagnosticara la enfermedad. Su muerte fue un golpe tan fuerte para mi padre, que ya nunca se recuperó. Papá y mamá habían estado casados durante más de cuarenta años y siempre habían trabajado juntos y pendientes el uno del otro. Ahora, papá estaba solo.

Durante los dos años que siguieron, su fortaleza física disminuyó con rapidez. Leía diariamente su Biblia y celebraba los servicios de culto siempre que podía. También hablaba a menudo sobre el plan divino para toda la creación y decía repetidas veces: «Lo único que importa es el reino de Dios. Cada uno de nosotros es tan poco, tan débil. Y, sin embargo, cada uno de nosotros también es una vía para que el amor de Dios irrumpa en este mundo. Para eso es para lo que quiero vivir y por eso es por lo que merece la pena morir». Mi padre mantuvo esa misma actitud hasta el final.

Durante sus últimas semanas de vida apenas si pudo hablar, a pesar de lo cual el hecho de permanecer sentado a su lado seguía transmitiendo fortaleza interior; la cercanía de Dios era palpable y le producía una paz profunda. Murió a primeras horas de una mañana de verano y, como su único hijo varón, tuve el privilegio de cerrarle los ojos para siempre.

2

Temor

Nací en Inglaterra en 1940, en una época de temor. Los bombarderos alemanes volaban cada noche directamente sobre nuestra casa, en el condado de Cotswold, para dirigirse a la cercana Birmingham y, en el vuelo de regreso, dejaban caer al azar las bombas que todavía les quedaban. En varias ocasiones, las bombas cayeron cerca de nuestra casa y, más adelante, mi madre me habló de las muchas veces que se había angustiado por nuestra seguridad.

En 1955, cuando mi familia llegó a Estados Unidos, los bombardeos no eran más que un lejano recuerdo, pero otra guerra se hallaba en pleno apogeo: la guerra fría, en la que ambas superpotencias se habían enzarzado en la carrera por fabricar el arma más potente. Todavía estaban presentes los horrores de Hiroshima y Nagasaki y la histeria nuclear desarrollada desde entonces alcanzaba sus momentos más intensos. En las escuelas se realizaban con regularidad ejercicios de protección contra incursiones aéreas y las familias adquirían sus propios refugios antiaéreos, que llenaban de alimentos enlatados. En los periódicos se publicaban noticias sobre posibles ataques soviéticos contra ciudades estadounidenses.

Para mí, vivir en Estados Unidos fue una aventura apasionante. Pero resultaba aterrador pensar que Rifton, nuestro nuevo hogar, se hallaba dentro del radio de ciento cuarenta kilómetros que los expertos consideraban como condenado en caso de que una bomba atómica cayera sobre la ciudad de Nueva York.

Yo nunca me acostumbré a los ejercicios. Luché una y otra vez contra la angustia de las bombas y de la guerra y percibí una ansiedad similar entre mis compañeros de clase, a pesar de todas las bromas. No me cabe la menor duda de que otros muchos de mi generación tendrán también recuerdos similares.

El temor, claro está, no se limita a lugares o épocas concretas. Es una emoción universal y quizás hasta un instinto primario. Cada uno de nosotros lo ha sentido, ha retrocedido ante la repentina explosión de una llamarada o el ladrido inesperado de un perro, por ejemplo, o se ha sujetado a una barandilla y ha retrocedido ante un repentino desnivel brusco. Pero hay también otro tipo de temor: el que acompaña a una enfermedad grave y trae consigo la perspectiva de la muerte. Ese temor tiene menos que ver con la autoconservación. Es el temor a un futuro incierto, al cambio y, quizá lo más importante, el temor a afrontar de cara la propia vida y verse con las manos vacías.

Hace pocos años, cuando Matt, un joven de 22 años al que conocía, se vio afectado por un linfoma maligno, hablamos sobre este temor y, desde entonces, he venido recordando aquellas conversaciones. Al igual que la mayoría de pacientes a los que se les acaba de diagnosticar una enfermedad grave, Matt se mostró principalmente preocupado por su estado físico, al menos al principio, y les hacía a los médicos toda clase de preguntas. ¿Cuál era la causa del linfoma? ¿Hasta qué punto era efectivo el tratamiento? ¿Cuáles eran sus posibilidades de supervivencia? ¿Qué significaba tal o cual término médico? Al cabo de pocos días, sin embargo, había cambiado su principal preocupación, que ahora se concentraba en su estado espiritual. Era como si percibiese que su vida había dado un giro irreversible y que tenía que ponerla en orden, sin que importase cuál fuese el resultado. Según recordó más tarde su médico de cabecera:

Pasé a ver a Matt dos días después de que le dieran el alta y observé que había estado llorando. Le pregunté qué le sucedía y me contestó, en resumen, que había mantenido una larga conversación con su padre y que tenía la impresión de que debía profundizar en su vida. Dijo que en su conciencia había cosas que necesitaba contarle a alguien y también dijo sentirse «asustado y solo».

Le aconsejé que tratara de salir de la casa a los pocos días siguientes, aunque se sintiera mal. Quizás eso le ayudara. Pero me miró sin verme y dijo: «Mi relación con Dios no es la que debiera».

Le aseguré que todos nosotros necesitábamos profundizar en nuestras vidas y no sólo él, y que su enfermedad nos estaba ayudando a todos a darnos cuenta de nuestra necesidad de Dios. Matt estaba allí tumbado, con los grandes ojos humedecidos, mirando fijamente por encima de la cabeza, asumiendo la gravedad de su situación personal. Al mirarle, me di cuenta repentinamente de que cada uno de nosotros necesita de un momento así.

Aproximadamente por la misma época, Matt me envió un correo electrónicos en el que decía:

En la Epístola de Santiago hay un pasaje que, en estos momentos, es muy importante para mí. Habla de contarnos mutuamente los pecados para que las propias oraciones sean escuchadas y contestadas. Nunca ha sido tan importante para mí, como lo es ahora, el asegurarme de haber confesado todos mis pecados, de que me han sido perdonados y de pedir perdón a todos aquellos a los que he hecho daño; eso es incluso más importante que la curación física. Cuando tu necesidad de Dios sobrepasa tu necesidad de parecer sin tacha ante los ojos de quienes te rodean, el arrepentimiento se convierte en algo que anhelas, no en algo que temes. Lo experimenté de una forma muy personal cuando llegué a casa desde el hospital. Sabía que, para sobrellevar mi enfermedad, arreglar mi relación con Dios era, literalmente, una cuestión de vida o muerte.

Durante los días siguientes, Matt me envió numerosos correos electrónicos similares, que yo trataba de contestar. Una de las cosas que le dije fue que padecer cáncer supone ver desmantelado el propio poder personal y que quizá Dios estaba tratando de decirle algo de ese modo. También le recordé que, hasta entonces, lo tenía todo a su favor: era joven y fuerte, agraciado y bien situado. El mundo se abría ante él. Pero quizá Dios no podía utilizarlo con todos sus dones. Le dije: «Matt, quizá Dios tuvo que hacerte llegar a una situación tan débil para poder actuar a través de tu debilidad. Ahora tienes que pedir fortaleza para aceptarla». Por extraño que parezca, me contestó: «Le he escuchado. Va a ser duro, pero eso es lo que tengo que hacer».

Matt cambió mucho durante los meses que siguieron. En el momento en que se le diagnosticó la enfermedad, era un presuntuoso que a menudo hacía jocosas bromas en voz alta, superficialmente feliz, pero íntimamente aterrorizado. Sin embargo, apenas seis meses más tarde, se había convertido en una persona diferente. Cierto que nunca perdió del todo su vena bromista y que, en ocasiones, se sentía asustado, incluso cuando ya estaba cerca del final. Pero tras haber pasado por días y noches con el dolor más intenso, había desarrollado un aspecto nuevo y más profundo. Y tras haber dejado de buscar una forma de escapar del duro hecho de que se estaba muriendo, se reconcilió con esa idea y la afrontó directamente. Al hacerlo así, encontró la fortaleza que necesitaba para hacer frente con serenidad a la agonía de la muerte.

No todo el mundo muere pacíficamente y no se trata de una cuestión de constitución emocional o de personalidad. La paz no se encuentra exclusivamente «elaborando» los propios sentimientos, como suele decir la gente. No cabe la menor duda de que hacerlo así nos ayuda a aplacar nuestros temores, especialmente en el sentido de permitirnos a nosotros mismos el ser vulnerables, como hizo Matt, y de buscar el apoyo de aquellos en quienes confiamos y a los que amamos. Pero el temor no se puede aplacar por medio de la catarsis emocional o de la fuerza de voluntad. Hasta el soldado más endurecido gritará llamando a su madre en el momento de la muerte.

Según mi experiencia, existe una correlación muy clara entre el temor y la «dureza» de un alma. Para una persona consciente de su debilidad, es un alivio admitir sus propios límites y solicitar ayuda. Pero para una persona independiente, que considera esa vulnerabilidad como una derrota, resulta aterradora; sobre todo si durante mucho tiempo se ha endurecido contra la idea de «ceder» ante la muerte. De repente, se encuentra con que esa confianza en sí mismo no es más que la ilusión que siempre fue y se da cuenta de que hasta el hombre más fuerte se siente impotente al enfrentarse con su propia mortalidad.

La autora Susanne Antonetta así lo ilustra vívidamente en su reciente libro de memorias, *Cuerpo tóxico*. La abuela de Antonetta, una mujer que siempre lo tuvo todo bajo control, dirigía su hogar con mano de hierro y siempre daba su opinión sobre todo, desde la comida, la ropa, los horarios y las carreras, hasta la elección de las parejas de sus hijos y los nombres de sus bebés. (Si ella no lo aprobaba, los vetaba.) Pero cuando le llegó la hora de la muerte, se vio asaltada por un temor incontrolable:

Fue terrible ver a alguien con tanto temor a morir. No hubo ningún tópico, como una vida bien vivida, una muerte rodeada por una familia acomodada, asegurarle que sería recordada, que fuese capaz de aminorar la enormidad de su temor. Nuestra presencia no le ofrecía nada.

Por lo que a ella se refería, era como si no existiéramos. El temor la puso muy ojerosa; las quijadas y las costillas se le hundieron, los ojos miraban atolondrados y distraídos. Había perdido toda la encantadora despreocupación de la mujer enamorada de su soledad. Mi abuela murió sintiéndose obsesionada. Y no me refiero únicamente por la muerte. Por la noche, al acostarse, veía fantasmas ocultos en su dormitorio, penetrando en él por las ventanas. La hacían gritar. Vivía sumida en un mundo de malos espíritus. Por aquel entonces yo ya vivía lejos de ella y no conozco las descripciones que hizo, sino únicamente el lacónico comentario de mi madre: «Oh, ya sabes, malo».

La descripción que hace Antonetta de la fallecida no es bonita, pero sí insólitamente perceptiva en cuanto que establece la conexión entre lo personal y lo cósmico. Al fin y al cabo, nunca estamos solos, sino rodeados en todo momento por las dos fuerzas contrapuestas del bien y el mal. Y aunque la batalla entre ambos se libra en muchos escenarios, estoy convencido de que alcanza su mayor intensidad allí donde está en juego el alma de un moribundo.

Dorie, una gran amiga de mi madre, que se sentía continuamente atormentada por este conflicto, vivió con él no sólo al final de su vida, sino durante décadas. A lo largo de muchos años, Dorie vivió en la casa contigua a la de nuestra familia, formando parte primero del hogar de mis padres y, después de sus muertes, de mi propio hogar.

La Dorie que conocía la mayoría de la gente era una persona feliz, que encontraba una gran alegría en el hecho de ayudar a los demás. Cuando nacía un bebé, ella era la primera en acudir con frutas, flores y en ofrecerse a limpiar la casa. Sucedía lo mismo cuando se esperaban invitados. Nada le satisfacía tanto como procurar que se limpiara el polvo de aquella habitación extra o se hiciera la cama. Siempre parecía estar contenta y dispuesta a realizar las tareas más vulgares. Nunca esperaba o deseaba el agradecimiento.

En el fondo, sin embargo, Dorie era una persona nerviosa y angustiada. Tenía problemas para dormir por la noche y siempre deseaba tener a alguien cerca. Le preocupaba cada pequeño síntoma de envejecimiento y le aterrorizaba la perspectiva de los achaques o las discapacidades físicas. A los cincuenta años ya le preocupaba la posibilidad de morir. Afortunadamente, su determinación de ser útil a los demás y de iluminar su jornada la mantenía a flote e impedía que los temores la agobiaran hasta el punto de llevarla al borde del colapso.

Entonces, se vio afectada por el cáncer. Durante seis años, Dorie combatió valerosamente contra la enfermedad. Inicialmente, se sometió a varias sesiones de quimioterapia, cada una de las cuales la dejó tan inquieta y turbada que necesitó de continuo apoyo emocional, así como de consejo pastoral. Por fortuna, logró salir adelante y disfrutó de varios años sin cáncer.

Luego, se produjo la recaída. Esta vez, sin embargo, el cáncer se desarrolló con rapidez y todos sabíamos que a Dorie no le quedaba mucho tiempo de vida. Sufría fuertes dolores y la radioterapia únicamente le aportó un alivio parcial. Estar sentado con ella, hablando, parecía ayudarle más. Mi esposa y yo buscamos, junto con ella, respuestas a sus preguntas: ¿qué es la muerte? ¿Por qué tenemos que morir? ¿Hay vida después de la muerte? Juntos, leímos muchos pasajes de las Sagradas Escrituras sobre la muerte y la resurrección, a la búsqueda de versículos que pudieran fortalecerla. Le recordé que, durante décadas, había servido a Dios y a quienes la rodeaban y le expresé mi convicción de que él la recompensaría por ello.

A pesar de todo, las últimas semanas de la vida de Dorie fueron una tremenda lucha, tanto física como espiritual. Uno percibía que no se trataba únicamente de una cuestión de ansiedad humana corriente, sino de una lucha vital por su alma y espíritu. Parecía hallarse asediada por poderes oscuros. Mi esposa y mis hijas la cuidaron durante días interminables y la acompañaron durante las largas horas de tormento interior. En cierta ocasión gritó sobresaltada, diciendo que algo malo acababa de entrar en su dormitorio. Con las pocas fuerzas que aún le quedaban, le arrojó una almohada, gritándole: «¡Aléjate, oscuridad! ¡Aléjate!». En esos momentos, los que estábamos con ella nos reuníamos alrededor de su cama y nos volvíamos hacia Dios, en cánticos u oraciones. A Dorie le encantaba la Oración del Señor que, según decía, siempre la animaba.

Una mañana, después de una noche particularmente inquieta, el temor de Dorie desapareció repentinamente y dijo: «Sólo quiero depender de Dios». Se mostró llena de alegría y expectación ante el gran momento en el que Dios se la llevaría y sintió que eso no tardaría en suceder. Entonces, dijo: «Hoy hay una sorpresa: ¡el reino está llegando! Y, cuando llegue, bajaré corriendo la escalera y saldré para darle la bienvenida». Esa misma tarde, exclamó: «Todo mi dolor ha desaparecido. ¡Me siento mucho mejor! ¡Gracias, Dios mío, gracias!». Un poco más tarde, dijo con una sonrisa: «Dios me llamará esta noche».

Por la noche convocó a mi familia —su familia adoptiva—, nos abrazó y se despidió de cada uno de nosotros. Permanecimos allí, cantando y rezando junto a su cama, mientras ella pasaba pacíficamente la noche. Se nos fue, silenciosamente, al amanecer.

Después de haber luchado durante tanto tiempo y tan duramente como lo hizo, la partida de Dorie no fue más que una victoria. Sabía que era como sentirse poseída por un temor frío, pero se aferró a su fe en un Dios más grande que todas sus ansiedades, que nunca permitiría que la abrumaran por completo. Al exhalar su último aliento, lo hizo con la calma y la serenidad de quienes han terminado por darse cuenta de que el mundo no es más que un puente entre la vida terrenal y la vida eterna, como expresaron los primeros fieles cristianos: «Hay que cruzarlo, pero sin construir tu casa sobre él».

3

Desesperación

Mientras que algunas perso-
nas parecen navegar a toda vela por la vida, otras parecen
arrastrarse fatigosamente de una lucha a otra. Quizá
nunca sepamos el porqué, pero esa no es razón alguna
para fingir que no sucede así. A menudo somos demasiado tímidos y evitamos
hablar abiertamente con una persona agobiada, crey-
endo que nuestra preocupación podría interpretarse
como interferencia o que quizás empuje a esa persona
hacia el precipicio. No obstante, en mis encuentros con
la depresión suicida, me he dado cuenta de que sucede
precisamente lo contrario: las personas afectadas suelen
experimentar una desesperada necesidad de hablar abiertamente sobre lo que piensan. Trágicamente, eso es algo
que a menudo no hacen porque temen la típica respuesta

con la que se trata de animarlas: «Vamos, alégrate. Pronto lo habrás superado».

Cada situación es única y resulta imposible anticipar la mejor forma de responder a una persona que se siente deprimida. En último término, sin embargo, las palabras, por sí solas, no pueden salvar a una persona. Tienen que ir acompañadas por el apoyo firme de una relación afectuosa con la que, como dijo el apóstol Pablo, podamos «llevar las cargas del otro y cumplir así la ley de Cristo».

En la década de 1970, mi padre trajo a casa a un alcohólico llamado Terry. Tenía treinta y dos años, era un veterano de guerra y no tenía hogar. De niño había sido maltratado sexualmente y los terribles recuerdos de su infancia lo empujaban a menudo hacia una depresión profunda. Papá se pasó mucho tiempo con él, escuchándole, aconsejándole y, simplemente, siendo su amigo. También dispuso que recibiera ayuda psiquiátrica y medicación. Terry nos caía bien a todos y se quedó con nosotros durante más de un año.

Luego, un buen día, se marchó, obsesionado por los demonios de su pasado. Poco después nos enteramos de que se había suicidado. La noticia provocó una tremenda conmoción entre nosotros, especialmente en mi padre, que le había querido mucho. Fue como si hubiese muerto un miembro de su propia familia. Lloró por Terry y por el dolor de todo el mundo.

Casi se podría decir que era inútil tratar de ayudar a un hombre como Terry, que no contaba con ninguna posibilidad. Y, sin embargo, he experimentado una y otra vez que hay muchas personas cuyas heridas se pueden curar, y a las que se puede ayudar con efectividad a superar sus tendencias suicidas.

Durante las pasadas décadas, muchas personas desesperadas se han dirigido a mí en busca de ayuda pastoral. A menudo, sus vidas personales se hallaban sumidas en la confusión y la angustia a causa de las relaciones, el trabajo o su situación financiera, lo que había alterado el delicado equilibrio de sus emociones. En otros casos no se encontraba, simplemente, ninguna explicación racional.

Durante muchos años sólo se ha hablado del suicidio en susurros. A pesar de la fama de tolerante que tiene nuestra cultura, todavía se estigmatiza el hecho de quitarse la propia vida. Sigue siendo tabú, incluso como tema de conversación. La gente evita hablar sobre la muerte, independientemente de su causa. Cuando se trata del suicidio, la gente suele mostrarse reacia a hablar. ¿Con qué frecuencia ha visto incluido el término suicidio como causa de la muerte en una esquela mortuoria?

Al mismo tiempo y según estudios recientes, sólo en Estados Unidos se suicida una persona cada quince minutos y los niños de edades comprendidas entre los diez y los catorce años tienen ahora el doble de probabilidades de quitarse la vida en comparación con los de hace una década. Está claro que el suicidio es un problema devastador y muy extendido. Probablemente, a la mayoría de nosotros se nos habrá cruzado esta idea por la mente en alguna ocasión. ¿Por qué, entonces, es un tema tan difícil de abordar? Quizá porque no estamos dispuestos a admitir lo cerca de la desesperación en que nos hallamos todos.

Conozco a Jim desde su infancia, de modo que cuando se enamoró de una mujer llamada Sheila, tuve el privilegio de ofrecerle guía pastoral, a medida que se desarrollaba su relación. Más tarde, experimenté la alegría de oficiar su ceremonia nupcial.

La vida de casados se inició felizmente para ellos y al cabo de un año tuvieron a su primer hijo, que nació con una perfecta salud. Entonces, una mañana, pocos meses después del nacimiento del niño, Jim estaba en el trabajo cuando empezó a sentirse inquieto. Según explicó más tarde, fue algo extraño, pero una especie de voz interior parecía estar diciéndole: «¡Sheila tiene problemas!». Llamó a la empresa donde ella trabajaba. No estaba. Luego llamó a su casa. Nadie contestó, de modo que, dejándose arrastrar por el pánico, abandonó el trabajo y corrió casi el medio kilómetro que lo separaba de su piso.

Encontró una carta sobre la cama y desgarró el sobre. Luego, miró hacia el cuarto de baño. Allí estaba ella, fría sobre el suelo, junto a un cuchillo de cocina y un frasco vacío de píldoras.

Más tarde, Jim echó la mirada hacia atrás y reconoció las señales de advertencia, que habían estado allí durante todo el tiempo, señales que él había pasado por alto o que había preferido ignorar. Recordó los momentos en los que Sheila intentaba hablarle de los oscuros pensamientos que a menudo la agobiaban y que él había intentado evitar cambiando el tema de la conversación. Terminó por comprender la desesperación que había impulsado a Sheila a actuar. Pero esa mañana, al precipitarse hacia el suelo del cuarto de baño y sacudir a su esposa por los hombros, gritándole su nombre, lo único que pudo hacer fue pensar: «¿Por qué?».

El demonio de la desesperación acecha en el borde de cada corazón humano y, si somos sinceros, tenemos que admitir que cada uno de nosotros ha experimentado en alguna que otra ocasión la sensación de escalofrío que produce. La desesperación es uno de nuestros peores enemigos. Supone la pérdida de toda alegría, de toda esperanza y seguridad en sí mismo y, a veces, incluso la voluntad de vivir. Naturalmente, como sucede con cualquier enfermedad, buscamos una causa con la esperanza de hallar las claves que nos permitan encontrar posibles remedios. La autoacusación se encuentra a menudo en el núcleo mismo de la desesperación. Muchas personas se pasan la vida envueltas en la oscuridad, gobernadas por una sensación de culpabilidad. Tarde o temprano, se sienten tentadas de acercarse a la auto-destrucción. En ocasiones, su culpabilidad es real; en otras, no es más que una percepción en la que hasta las más anodinas debilidades y vicios se exageran y se transforman en muros aparentemente insuperables. Los sentimientos de inadecuación y de inutilidad son otra razón que impulsa a la gente al suicidio. Claro que tener tales sentimientos es algo normal. Hay momentos en la vida en los que tenemos la sensación de no merecer el amor o la amistad, pero, como el escarabajo de la obra de Kafka, los insectos sólo merecen ser aplastados.

Muchos ancianos ven la eutanasia como una solución sencilla a sus complejos problemas: soledad debida a la muerte del cónyuge o de los amigos, pérdida del control y de la independencia y sensación de no sentirse queridos. Temen ser una carga para sus familias, experimentar dolor emocional o físico y, quizá lo más importante de todo, una agonía lenta y prolongada.

Finalmente, cada persona se halla sometida al mal como un poder muy real, tanto si lo cree como si no. Es la obra del diablo, al que la Biblia llama «el acusador» y «el asesino desde el principio». Satán conoce nuestros puntos más débiles y golpea directamente nuestras almas, utilizando para ello todos los medios imaginables, incluida la enfermedad mental, para acabar con nuestra resistencia. Arroja a la gente a la más profunda desesperación y depresión, a una oscura pesadez que quizá no desaparezca durante años. Al considerar el suicidio de este modo, como una batalla entre potencias espirituales, nos sentimos animados a abandonar nuestra inclinación hacia la desesperación y, en lugar de ello, volvernos hacia la infinita comprensión de Dios.

En realidad, muchas de las personas que han llevado a cabo intentos de suicidio no quieren morir. Su desesperación sólo es un grito de atención, una petición de auxilio. Es algo que no se debe ignorar, sino tomarse muy seriamente. A menudo, a un intento fallido de suicidio le sigue otro intento. Si no se cuenta con ayuda e intervención, que tenga éxito sólo será una cuestión de tiempo.

¿Cómo podemos ayudar a esas personas? Existen muchos programas de prevención y esas iniciativas ocupan su lugar, pero a veces me pregunto si acaso no dependemos demasiado de los expertos. Cuando alguien se siente desesperado, quizás un «experto» sea la última persona a la que quiera ver. Después de todo, ¿quién es capaz de afrontar el análisis o el consejo cuando se siente incapaz de soportarse a sí mismo? Naturalmente, no se puede descartar el uso de medicamentos, pero tampoco deberíamos olvidar que, a menudo, resulta una ayuda decisiva el simple apoyo de una persona capaz de escuchar, ya sea un amigo, un miembro de la familia, un pastor o un sacerdote. El suicidio procede de la enfermedad del alma, de un alma sedienta de amor. ¿Qué mejor prevención que ayudar a los niños, desde la infancia, a encontrar alegría y propósito en la vida y dirigirlos hacia Dios? Quizás una de las principales razones del alto índice de suicidios de nuestra cultura sea el hecho de que hemos olvidado dos de los más grandes mandamientos de Cristo: «Ama a Dios por encima de todas las cosas y ama a tu prójimo como a ti mismo». Estoy convencido de que estas sabias y antiguas palabras, tomadas seriamente, todavía pueden conducirnos a encontrar respuestas y a superar la más profunda desesperación en el mundo.

Otro antídoto que tampoco deberíamos subestimar es la oración. Por muy pobre e inadecuada que nos parezca nuestra oración, es el mejor remedio para la desesperación. Y hasta cuando pensamos que no sabemos rezar, podemos volvernos hacia Dios. Rezar con los Salmos puede ser especialmente útil, puesto que los salmistas expresaron con frecuencia nuestros anhelos más íntimos en la oración: «Escucha mis palabras, oh, Señor, considera mi suspiro . . . », o «En mi angustia, llamé al Señor y él me contestó, liberándome». Incluso cuando nos sintamos en la oscuridad y Dios nos parezca muy lejano, la oración puede ser nuestro principal sostén. Cuando recemos, hagámoslo como si nos aferrásemos a una cuerda que Dios nos ha echado. Si nos agarramos con fuerza a esa cuerda, por insensibles que sean los brazos de nuestro corazón, él podrá tirar de nosotros para izarnos hacia la seguridad y la libertad. Como dice Jesús en el Evangelio de Mateo 11:28–29: «Vengan a mí todos ustedes que están cansados y agobiados, y yo les daré descanso. Carguen con mi yugo y aprendan de mí, pues yo soy apacible y humilde de corazón, y encontrarán descanso para su alma». Y para aquellos que se sientan demasiado indignos como para rezar, Romanos 8, les ofrece el siguiente consuelo: «Así mismo, en nuestra debilidad el Espíritu acude a ayudarnos. No sabemos qué pedir, pero el Espíritu mismo intercede por nosotros con gemidos que no pueden expresarse con palabras».

Cuando esos versículos no ayuden a una persona con tendencias suicidas, de aquellos que estemos cerca de ella depende el tener fe y creer en ella y, una vez más, rezar. Por mucho que pensemos que a una persona no se la puede ayudar, sigue siendo posible mantenerla a flote, con la tranquilizadora seguridad de que otros seguirán intercediendo en su nombre. Hay en todo esto una profunda protección. Como dice Dostoievski: «Una oración por el condenado llegará a Dios y ésa es la verdad».

Pero, ¿qué sucede cuando no funcionan nuestros mejores intentos preventivos, cuando alguien amenaza con quitarse la vida de todos modos? Según el profeta hebreo Jeremías, quien dice: «La vida de un hombre no es suya y no es el hombre quien debe dirigir sus pasos», deberíamos hacer todo lo posible por salvar a esa persona. Pero nunca deberíamos intentarlo por medio de palabras duras o que transmitan un juicio. Un alma herida necesita compasión, no condena, y, a pesar de esta advertencia, el propio Jeremías 20:14–18, se vio tentado por pensamientos suicidas, al escribir: «¡Maldito el día en que nací! ¡Maldito el día en que mi madre me dio a luz! ¿Por qué Dios no me dejó morir en el seno de mi madre? ¿Por qué tuve que salir del vientre sólo para ver problemas y aflicción, y para terminar mis días en vergüenza?».

En las escrituras también hay otros pasajes que reconocen los afanes de la vida y la tendencia humana a perder la esperanza en los momentos oscuros. Por citar la paráfrasis de Thomas Merton de los versículos de Lucas y del Apocalipsis: «Cuando llegue el final no quedará ya espacio para el deseo de seguir viviendo. Los hombres llamarán a las montañas para que caigan sobre ellos porque desearán no existir; esperarán la muerte y la muerte los eludirá».

Nada de todo esto pretende dar a entender que el suicidio sea una alternativa buena o válida para una persona gravemente deprimida. Como la mayoría de creyentes, estoy convencido de que quitarse la vida es un error, porque casi siempre supone una rebelión contra Dios. Pero lo que quiero dejar claro es que no somos nosotros quienes debemos considerarlo como un pecado imperdonable. Casi todo el mundo tiene pensamientos suicidas en uno u otro momento de su vida y cuando alguien intenta llevar realmente a la práctica tales pensamientos, necesita comprensión y no juicio.

Al principio de este capítulo he hablado del intento de suicidio de Sheila. La rápida intervención médica impidió su muerte y tras una estancia de dos semanas en una sala psiquiátrica local, donde consiguió dejar atrás aquella situación crucial, en la que deseaba quitarse la vida, para experimentar el deseo de vivir, pudo regresar por fin a casa, con Jim. Pero ése no fue, en modo alguno, el final de la historia. Al cabo de poco tiempo, Sheila volvió a experimentar los viejos demonios y al cabo de unas semanas tenía que combatir casi diariamente con las tentaciones suicidas.

Durante los años que siguieron, la vida de Sheila fue como una especie de montaña rusa emocional, con los ascensos caracterizados por el optimismo y la confianza en tener cerca la curación, y los descensos aliviados por la medicación, el asesoramiento pastoral y psiquiátrico y la práctica de la oración intensiva.

En ocasiones pareció como un viaje a través del infierno, pues su estado parecía ser en buena medida el resultado de la culpabilidad arrastrada consigo tras una adolescencia promiscua y desesperadamente desgraciada. Finalmente, terminó por sentir que la única forma de seguir adelante era afrontar aquella culpabilidad y encontrarle redención.

Sheila y Jim acudían a verme con frecuencia, en busca de consejo. A veces podía ofrecérselo y en otras ocasiones, no. En estas últimas ocasiones no se podía hacer otra cosa que sentarse y rogar la intervención y la ayuda de Dios.

Ahora, siete años después de su intento de suicidio, Sheila es madre de tres niños y una niña que están en pleno crecimiento y ya ha dejado de experimentar pensamientos suicidas. No es tan ingenua como para considerarlo un «final feliz», pues hay días, aunque pocos, en los que tiene que combatir con su temor y con las dudas sobre sí misma. Pero, tras haber logrado llegar tan lejos, está convencida de que Dios no la abandonará, ni siquiera cuando se sienta triste y sola. «A veces, no me cabe más que confiar que estoy en sus manos, aun cuando no lo sienta así», dice.

4

Pérdida de un bebé

El nacimiento de un bebé es uno de los más grandes milagros de la creación. Después de meses de espera y de largas horas de doloroso parto, llega al mundo un bebé. El don de la nueva vida se ha celebrado desde el albor de los tiempos con una gran alegría. Según se expresa en el Evangelio de Juan, en 16:21: «La mujer que está por dar a luz siente dolores porque ha llegado su momento, pero en cuanto nace la criatura se olvida de su angustia por la alegría de haber traído al mundo un nuevo ser». Sin embargo, hay una gran sabiduría en la vieja creencia de que una mujer de parto tiene un pie en la tumba. Incluso en nuestros tiempos, todo parto es asistido con cierta ansiedad por la salud, tanto de la madre como del bebé, y siempre existe la posibilidad de que algo vaya mortalmente mal.

Al tratar de expresar las emociones conflictivas que rodearon el nacimiento de su primer hijo, Dorli, esposa de uno de mis sobrinos, escribe:

Stephen fue un bebé prematuro que nació siete semanas antes de lo previsto en un hospital universitario. Siempre recordaré el milagro del primer llanto de este pequeño ser. Esa fue la única vez que se escuchó su voz. Yo apenas pude ver a mi hijo, al que se llevaron para examinarlo. Dos horas más tarde me condujeron a la unidad neonatal de cuidados intensivos para ver y tocar a mi primogénito. Era diminuto, apenas pesaba kilo y medio y tenía un mechón de pelo negro. Se hallaba conectado a toda clase de instrumentos de control y ayudado por la respiración asistida. Me sentí llena de alegría y de agradecimiento por el milagro de nuestro hijo, convencida de que sobreviviría. Eddie, mi esposo, me confesó más tarde que él no estaba tan seguro del futuro de Stephen. Como voluntario en Armenia, tras el terremoto sufrido allí en 1988, había visto de primera mano la volubilidad de la vida y el sufrimiento de innumerables personas.

Stephen vivió exactamente veintiséis horas y dos minutos. Al hecho de ser prematuro se le añadieron varias complicaciones médicas graves que no se pudieron corregir. Recuerdo las imparables lágrimas que derramé cuando un grupo de médicos habló con nosotros, seis horas antes de que muriera mi hijo, para comunicarnos que sospechaban la existencia de una enfermedad

---

genética que supondría su muerte igualmente prematura. Me aferré a Eddie y traté de comprender lo que se nos acababa de decir.

Nuestro médico de cabecera acudió para estar con nosotros en aquellas horas tan difíciles. Era evidente para todos que Stephen se moría. Decir que aquel momento fue muy duro no sería una palabra lo bastante apropiada, pero yo sabía que si lo dejaba partir, Stephen quedaría liberado para un futuro mejor del que nosotros podríamos ofrecerle aquí. Tomé a mi hijo en mis brazos, mientras su alma era entregada a Dios.

No es solamente la muerte de un niño lo que causa tal impacto en una madre o un padre. Al asesorar a parejas que han experimentado el trauma de un aborto, he podido darme cuenta del profundo dolor y sensación de pérdida que deja, especialmente en la madre. Alice, una vecina que perdió a un hijo, dice:

Habíamos tenido siete hijos. Con nuestro quinto, Gabriel, nunca llegamos al momento de alegría que acompañó la llegada a salvo de cada uno de los otros. A poco menos de la mitad de mi embarazo, descubrimos que sus posibilidades de supervivencia eran muy escasas. Cómo anhelamos tener este querido hijo y, al mismo tiempo, cómo supimos que teníamos que desprendernos de él. Yo no estaba preparada para eso. Esa clase de cosas sólo les suceden a los demás. ¿Cómo podía ocurrirnos a nosotros? Lo vimos varias veces en la pantalla de ultrasonidos, moviéndose, presente y parecía nuestro bebé una personita real. ¿Cómo nos lo podían arrebatar? Y entonces, un día, su corazón dejó de latir. Se hizo otra comprobación y tampoco se detectó ningún latido. Nuestro pequeñín había muerto. Ya no iba a ser.

Después del nacimiento, Alice y su esposo pudieron despedir a su hijo. Fue una visión inolvidable el verla sosteniendo la hermosa y diminuta forma de Gabriel, que envolvió tiernamente y depositó en el ataúd, amorosamente confeccionado por un amigo. Luego, acompañamos a los padres hasta el cementerio, donde tristemente enterramos al bebé. Al reflexionar sobre la experiencia, Alice escribiría más tarde:

> Creo que es importante permitir y hasta animar a los padres a afrontar directamente su dolor. Si eso no se produce así, tardarán años en encontrar la curación o quizás esta no llegue a producirse nunca. No se sorprendan si se requiere tiempo para encontrar la paz; hay que estar preparados para sentirse realmente dolidos. Ese dolor siempre nos acompañará, pero es necesario alcanzar la paz.

La muerte de un niño no es sólo un acontecimiento doloroso, sino también una prueba particularmente dura para nuestra fe. Ante una situación así, nos preguntamos:

«¿Por qué creó Dios a este niño si había de vivir tan poco?». Mi madre, que perdió a dos hijos, dijo que nunca encontró respuesta para esta pregunta. Pero sí encontró consuelo en su convicción de que Dios no comete errores y que, puesto que toda expresión de vida lleva consigo el sello de su creador, hasta la más breve es portadora de un mensaje del más allá.

Está claro que la muerte es un misterio que nadie puede explicar satisfactoriamente. Pero eso no quiere decir que debamos evitarlo. Nuestra cultura se aleja asustada de la muerte, sobre todo cuando un cuerpo ha quedado mutilado tras un accidente o se le ha practicado una autopsia. Muchas personas que trabajan en el ámbito religioso o médico sugieren la conveniencia de disponer los ataúdes cerrados, de modo que se les ahorre a los miembros de la familia el tener que afrontar los aspectos más crueles de su pérdida. Pero ese consejo se revuelve contra quienes lo dan. Después de todo, la muerte es el final y eso es algo que no podrá cambiar nada de lo que hagamos para suavizar su impacto. Jane, una mujer que, a diferencia de Alice, nunca vio a su bebé, escribe:

Nuestro único bebé, una niña, nació muerta; la enterramos al día siguiente, el cumpleaños de su padre. La parte más triste de todo fue que nunca la vimos ni tuvimos oportunidad de sostenerla en nuestros brazos. Nació mediante cesárea, tras un parto prolongado y duro. Yo estuve muy enferma y mi esposo se encontró solo. El médico le preguntó si podían enviar al bebé a un centro médico para que se le practicara una autopsia, a lo que él consintió. Había sido un embarazo normal, así que queríamos saber por qué nuestro bebé había muerto justo antes de nacer. En el centro médico, sin embargo, no pudieron determinar la causa de su muerte y, una vez que nos devolvieron a nuestra hija, ya nunca volvimos a verla. El médico nos recomendó que no la viéramos, puesto que habían cortado y abierto todo su pequeño cuerpo. Yo misma estuve en situación crítica en la UVI durante dos semanas. Como consecuencia de todo ello, nunca tuve la oportunidad de verla o de sostenerla en mis brazos. A pesar de que han pasado veintidós años, mi esposo y yo seguimos sin poder hablar de nuestra pérdida. La llevamos con nosotros, como algo que nos sigue desgarrando el corazón. Podríamos arrancarnos los cabellos sólo de pensar que permitimos que le hicieran eso a nuestra pobre hija. Ahora nos damos cuenta de que eso fue lo peor de todo lo que hicimos.

A partir de esta clase de experiencias, he aprendido lo importante que es para los padres de los bebés nacidos muertos que se les permita reconocer que su bebé vivió y que tiene un alma eterna, del mismo modo que cualquier otro bebé que naciera con normalidad. En cualquier caso, tener la convicción de que Dios creó a estas pequeñas almas por un propósito, transmite una serena seguridad incluso a aquellos padres que se esfuerzan por encontrarle un significado a la brevedad de la existencia de sus hijos. Dar un nombre al niño también tiene un importante efecto curativo, al igual que hablar de él con los otros hijos, tomar fotografías o medir el peso y la altura o conservar las huellas de las plantas de los pies, cosas que en los años futuros nos permitan recordar al niño y saber que su vida no fue simplemente un sueño.

León Tolstoi, el gran novelista ruso, escribió lo siguiente tras la muerte de uno de sus propios hijos:

Cuán a menudo me he preguntado a mí mismo y a muchos otros: «¿Por qué mueren los niños?». Jamás he encontrado una respuesta. Pero recientemente, cuando ya había dejado de pensar en niños . . . llegué al convencimiento de que la única tarea en la vida de cada individuo consiste en fortalecer el amor en sí mismo y que, al hacerlo así, se lo transmite a los demás y también se fortalece el amor en ellos.

Nuestro hijo vivió para que aquellos de nosotros que lo rodeábamos nos sintiéramos inspirados por el mismo amor, de modo que al dejarnos y volver al hogar con Dios, que es amor en sí mismo, todos nosotros nos sentimos más cerca los unos de los otros. Mi esposa y yo nunca estuvimos tan cerca el uno del otro como ahora y tampoco experimentamos nunca en nosotros mismos tanta necesidad de amor, ni tanta aversión a cualquier desacuerdo o a cualquier mal.

Y, sin embargo, el dolor por la pérdida de un hijo no une automáticamente más a los padres. De hecho, llega a poner gravemente a prueba su relación. Dorli recuerda:

El momento más duro fue después del funeral. A menudo, acudía sola a la tumba de Stephen y allí lloraba y lloraba. La gente se apresura a citar diversos tópicos. Uno de ellos es la convicción de que el sufrimiento y el dolor por la pérdida de un ser querido unirán aún más a una pareja. Pero eso es algo que jamás deberíamos suponer. Es posible que sea así; pero la muerte de un niño también puede suponer una gran tensión para un matrimonio. Así nos sucedió a nosotros.

Era incapaz de imaginar cómo podría Eddie regresar al trabajo, tan estoicamente (así lo pensé), sin derramar una sola lágrima. Yo, la más voluble, lloré mucho durante meses. Fueron nuestra iglesia y comunidad las que nos rodearon en la oración y con el apoyo práctico, así como el factor tiempo, lo que finalmente me ayudó a aceptar el hecho de que Eddie lamentaba la pérdida a su propio modo.

Creo que nuestro matrimonio no habría sobrevivido sin aquel cariñoso asesoramiento, a veces sin necesidad de palabras. Es una tarea en continuo progreso. A menudo, todavía sorprendo a Eddie con un repentino acceso de llanto.

La muerte de un hijo no se puede «arreglar». He terminado por aceptar este dolor como parte de mí misma. Confío en sentirme más cerca de cada uno de nuestros hijos que siguieron a Stephen, pero aunque el dolor esté más apagado, permanecerá hasta que nos hayamos vuelto a reunir.

Cada vez que muere un bebé o un niño pequeño, se nos recuerda que la tierra no es del todo nuestro hogar y que nuestra vida aquí es breve, como la de una flor, como la de una brizna de hierba, como la de una mariposa. No importa lo pequeño que sea el niño, las muchas horas, días o meses que dispusiéramos para amarlo y conocerlo, el dolor parece insoportable y las heridas no parecen cicatrizar nunca. Qué otra cosa podemos hacer sino confiar, junto con los padres que lamentan su pérdida, en que se nos concederá la curación en Jesús, aunque sea de un modo lento y casi imperceptible.

En un recién nacido vemos inocencia y perfección y esperamos con ilusión el día en que todo el universo será redimido, en que toda la creación volverá a ser perfecta, el día en que ya no habrá más muerte. Creemos, y así nos lo asegura la Biblia, que eso sucederá cuando Cristo vuelva de nuevo. El escritor George Macdonald, que perdió hijos propios, escribió en cierta ocasión:

Si hasta todos los cabellos de nuestra cabeza están contados y él dijo saberlo, nuestros hijos no llegan por azar a este mundo, y tampoco se mantienen en él por los cuidados o el poder de la medicina; todo funciona según la voluntad celestial y los decretos más amorosos. Algunos de nosotros nos avergonzaremos de tanto llanto por nuestros muertos.

Amados, incluso por vuestros queridos rostros, podemos esperar un tiempo, al comprender que es a su Padre, a vuestro Padre, a nuestro Padre a quien habéis ido. Llegará nuestro día, y vuestra alegría y la nuestra, y todo estará bien.

5

Respeto

Después de que Ruby diera a luz a su segunda hija, Ann, se pasó toda la noche sumida en una «alegría sin sombras», según expresó ella misma. Tenía todos los motivos para sentirse contenta: había sido un embarazo normal, el bebé estaba sano y hermoso y David, su primer hijo, tenía ahora una hermanita con la que crecer. Dos días más tarde, Ann murió. Según recuerda Doug, su padre:

Un día después de nacer Ann, el médico nos dijo que se sentía muy preocupado por ella y que ya en el parto había observado algo que no andaba bien. Nunca sabremos por qué no dijo nada en ese momento. En cualquier caso, ahora teníamos que llevar a Ann a un hospital situado en la otra parte del estado (por aquel entonces vivíamos en una zona rural de Carolina del Norte), y puesto que el parto no había tenido lugar en aquel hospital, a Ruby no se le permitiría permanecer con ella. No tuvimos más alternativa que regresar a casa. La espera de noticias fue muy angustiosa. Las horas parecían interminables, pero no podíamos hacer nada. No teníamos contacto directo con el hospital.

Al segundo día, nuestra preciosa hijita dio su último aliento. Ruby se sintió inconsolable y no hizo más que llorar. Las cosas no hicieron sino empeorar cuando los médicos nos comunicaron la causa del problema: teníamos el Rh incompatible, lo que implicaba que, en términos médicos, había pocas esperanzas de que pudiéramos tener más hijos.

Dejé a Ruby y viajé solo en el coche hasta el hospital, para traer a Ann de regreso y enterrarla. Sin embargo, al llegar al hospital me informaron que el cuerpo había sido entregado a una funeraria local, como exige la ley estatal.

Me dirigí a la funeraria y al principio me recibieron con gran amabilidad y solicitud. Cuando el encargado se dio cuenta de que no estaba allí para comprar un ataúd u organizar un funeral, se mostró gélido y abandonó la sala. Esperé ante el mostrador, con el cesto del bebé. Cuando el encargado de la funeraria regresó, sostenía a nuestra hijita con una sola mano, sujetándola por un pie, cabeza abajo. Intenté sacar la colcha que Ruby había preparado para el bebé, pero antes de que pudiera hacerlo el hombre dejó caer a Ann en el cesto. Su actitud fue gélida y nauseabunda.

Durante el largo y solitario viaje de regreso a casa, tuve que esforzarme mucho para encontrar el perdón en mi corazón. Preparé una tumba en nuestra propiedad y, juntos, depositamos a nuestra pequeña hija en su lugar de descanso, con los corazones desgarrados.

Por extremada que pueda parecer la historia de Doug y Ruby, ilustra una actitud muy predominante en el mundo actual. Llámese hastío, indiferencia o insensibilidad, lo cierto es que todo procede de la misma falta de respeto por la vida (y por su pérdida) y se demuestra de muy numerosas maneras. Está presente en los ambientes hospitalarios, donde el «profesionalismo» exige que a los pacientes se les cite por número de habitación, y no por nombres. También se observa en las funerarias, que a menudo promueven gastos excesivos dando a entender que ahorrar dinero significa escatimar y, por tanto, deshonrar al muerto. (¿Quién quiere que lo señalen como el familiar que compró para su madre el ataúd más barato?) También está presente en las peleas que se producen entre los hijos, aunque entre bambalinas, por cuestiones de testamentos y herencias y que niegan a un progenitor moribundo la posibilidad de un final verdaderamente pacífico.

La falta de respeto también se observa cuando, debido

a nuestra superficialidad, somos incapaces de compartir el dolor de otra persona y tratamos de eludirlo con una forzada alegría. Linda, la madre del joven mencionado en un capítulo anterior, dice que esos intentos no hacen sino empeorar una situación ya de por sí difícil:

> Poco después de que ya hubiese quedado claro que, desde el punto de vista médico, no se podía hacer nada más por Matt, una vecina bienintencionada le dijo alegremente a mi esposo que ella «sabía» que nuestro hijo iba a salir adelante: «Matt no va a morir. Simplemente, sé que no va a morir». Evidentemente, nosotros también queríamos creer lo mismo. Pero, ¿cómo mantener una falsa esperanza delante de Matt cuando estaba tan claro que seguía un rápido camino descendente hacia el final? Eso no habría sido justo. Pocos días más tarde pasó a verlo un amigo y le dijo que seguía «rezando para que se produzca un milagro», a lo que Matt replicó: «Gracias, pero creo que esa fase ya ha quedado atrás. Ahora, lo principal es que pueda encontrar paz».

Durante las últimas semanas de Matt, Linda también tuvo que luchar contra lo que sentía como una falta general de respeto ante lo terminante de la muerte y no sólo en los amigos de su hijo, sino incluso en él:

> Tres días antes de que muriese, alguien trajo un puñado de películas de alquiler para que las viera; al expresar mi

preocupación de que pudiera pasar las últimas horas en la tierra enfrascado en un entretenimiento frívolo, me encontré enzarzada en una pelea familiar.

La gente le había traído vídeos durante toda su enfermedad y aunque sabía que sus intenciones eran buenas, aquello siempre hizo que me sintiera un tanto incómoda. No se trataba de las películas, aunque algunas de las que vio tampoco es que fuesen tan buenas. Simplemente, creía que las utilizaba con demasiada frecuencia como una forma de alivio, como un medio de escapar de la realidad. Y no creía que eso fuese saludable.

Para ser sincera, pienso del mismo modo acerca de muchas de las otras cosas que le traía la gente: cerveza, licores fuertes, docenas de CD, pósters, auriculares, una radio, un nuevo sistema estéreo con seis altavoces, un programa para bajar música de internet, etcétera.

Recuerdo que hablé del tema con mi esposo, preguntándome: ¿es esta realmente la mejor forma de demostrar amabilidad y cariño por alguien que se está muriendo de cáncer: inundarlo de basura? Claro que ambos sabíamos que todo aquello le reconfortaría de una forma material. Pero, en último término, aquellos regalos no eran más que cosas . . . cosas que le distraían de los temas reales de la vida y de la muerte que necesitaba afrontar. Matt sentía más o menos lo mismo sobre el tema y, en un momento dado, despejó su habitación de todas aquellas cosas.

En cualquier caso, a mí me preocupaba que Matt

quisiera emplear la que resultó ser una de las últimas tardes de su vida viendo unas películas, y así se lo dije. Pero él no estuvo de acuerdo conmigo y me contestó: «Sólo quiero poder reír un poco y olvidarme de las cosas durante unas pocas horas. ¿Cómo puedes ser ahora mi brújula moral?». Se puso furioso.

Yo no hacia más que llorar; porque no podía dejar de pensar: «Aquí está este pobre muchacho, que lo único que quiere es escaparse durante unas pocas horas. ¿Es que ni siquiera tiene derecho a eso, a un poco de diversión?». Además, acababa de leer un libro sobre la muerte en el que el autor habla sobre la importancia de crear paz alrededor de la persona moribunda. El libro decía textualmente: «Nada de peleas familiares», y allí estábamos nosotros, discutiendo. Aquello me desgarró el alma.

A mí me encanta ver películas. Pero también tuve la sensación, y todavía la sigo teniendo, de que esa es una forma demasiado fácil de escapar (o permitir que tus hijos escapen), de modo que no tengas que enfrentarte con aquellas cosas que son realmente duras. No me refiero simplemente al cáncer. Cada vez que te encuentras metida en una lucha, en cualquier lucha que sea, tienes que poner la vista en aquellas cosas que puedan fortalecerte, no distraerte para poder salir adelante.

Por otro lado, pensaba: «Matt se ha enfadado porque yo he sido demasiado moralista. Tengo que escucharlo. Quizá me esté diciendo algo que realmente necesito comprender de corazón . . . Después de todo, ¡se está muriendo! Pero sigue siendo mi hijo y sé que escapar de la realidad no es bueno para él. ¿Puedo arriesgarme a dejar de decirle algo que sea vitalmente importante para él?». Fue uno de los momentos más duros a los que he tenido que enfrentarme en mi vida.

Más tarde, Matt se calmó y dijo que sabía adónde quería ir a parar. Dijo que en el fondo de sí mismo también tenía la sensación de que ver aquellas películas era despilfarrar el poco tiempo que le quedaba y que, en realidad, le habría gustado pasar ese tiempo con otras personas. Incluso me dio las gracias por no haber cedido.

Eso no quiere decir, sin embargo, que el respeto exija poner caras largas. Al contrario. Después de que Carole, una colega, se viese afectada por un cáncer de mama, lo que la mantuvo a flote fue precisamente su absurdo sentido del humor. En un momento determinado, incluso pidió a todos sus conocidos que le enviaran sus chistes favoritos y, a medida que le iban llegando en el correo, los coleccionaba en un archivador «para cuando me sienta deprimida y necesite reírme un rato». En el caso de Carole habría sido una falta de respeto no compartir su actitud despreocupada. Poco antes de su muerte, me dijo:

Seré sincera. Cuando llegue el momento (como dicen), espero que nadie empiece a cantar esos himnos que hablan de flotar por el cielo. Yo más bien diría que desciendo a mi tumba. Quizá las palabras de esos himnos sean profundas pero, por alguna razón, escucharlas me recuerda las cosas más deprimentes de la vida. Sé que no debería ser así, pero el caso es que lo es . . . Necesito energía, fortaleza para la lucha.

Me aterroriza la sola idea de pensar en todo el mundo puesto en pie a mi alrededor, todos con aspecto mórbido o algo así. No sé; supongo que cada muerte es diferente. Espero que ahí fuera, frente a mi ventana, se desarrolle un buen partido de baloncesto cuando yo me vaya, y que desde arriba me llegue algo de música animada . . .

¿Qué es, pues, respeto? Explicarlo como lo hace el diccionario, empleando palabras como «honor» o «deferencia», es una buena forma de empezar, pero esas palabras siguen siendo abstractas. Por lo que a mí se refiere, el respeto es algo que se tiene que experimentar para comprenderlo.

Inicié este capítulo con Ann, un bebé que murió como consecuencia de la incompatibilidad del Rh de sus padres. Años más tarde, después de que las nuevas investigaciones dieran esperanzas a Doug y Ruby, intentaron tener otro hijo. Pero las cosas volvieron a salir mal y el bebé nació muerto. En esta ocasión, sin embargo, el dolor se vio aliviado (según palabras de Doug) por «el efecto redentor del respeto». Teniendo en cuenta las muchas esperanzas que tanto él como Ruby habían depositado en el nuevo embarazo, su pérdida no fue menos dolorosa que la primera. Pero ahora, en lugar de soledad y de un frío y distante encargado de funeraria, contaron con el amor de los amigos, con la comprensión de toda una congregación y de un pastor que los tranquilizó, asegurándoles que «ninguna vida y ninguna esperanza en la dirección de la vida son en vano». Este apoyo les permitió mantenerse tan firmes, en palabras de Doug, que cuando llegaron al cementerio para enterrar a Frances (a la luz de la luna y llevando linternas) no experimentó el menor temor ante la tarea a realizar, sino que tuvo la sensación de «caminar hacia un puerto de luz».

6

El espíritu infantil

Como adultos, buscamos con frecuencia respuestas a los acertijos de la vida, tratando de analizar lo que acontece y su causa. En ocasiones, eso funciona, pero lo más habitual es lo contrario. Parece que siempre hay un elemento de misterio, especialmente en cuestiones relacionadas con la enfermedad y la muerte, de algo que nos deja con la necesidad de encontrar más explicaciones propias. Eso, sin embargo, no sucede con los niños, que suelen poseer una mayor tolerancia con el misterio. Aunque en ocasiones se inquieten por lo que los adultos consideraríamos como «cosas sin importancia», en general son más capaces de aceptar la vida tal como se despliega y no se sienten agobiados por las dudas, las preguntas y las preocupaciones por el futuro. También son más prácticos con aquellas cosas acerca de las cuales los adultos arman tanto jaleo, exageran o interpretan de un modo excesivo.

Un buen ejemplo de ello es el de Cassie Bernall, una adolescente de Colorado, cuya muerte se convirtió en titulares de los medios de comunicación, tras la infame masacre de abril de 1999, en la escuela superior «Columbine». Enfrentada a dos compañeros de clase, armados, en la biblioteca de la escuela, que le preguntaron: «¿Crees en Dios?», contestó valerosamente: «Sí», ante lo que le dispararon inmediatamente.

Al cabo de pocos días, la prensa internacional la proclamaba como la última mártir, símbolo del valor y de la convicción. Al mismo tiempo, quienes la conocían bien, afirmaban, sin disminuir por ello su acto de valentía, que era una joven adolescente corriente, con problemas corrientes, con imperfecciones y debilidades. Según le dijo más tarde una compañera de clase a la madre de Cassie:

Quizá la gente diga que Cassie fue una mártir, pero se equivocan si piensan que fue una persona piadosa y santa y que lo único que hacía era leer la Biblia. Porque no era así. Sólo era una persona tan real como cualquier otra. Con toda esa publicidad que le están dando, con esas historias, camisetas, páginas web, botones y pins que se le dedican . . . creo que se sentiría atónita. Probablemente esté allá arriba, en el cielo, mirándonos con incredulidad y cara de asombro y con el enorme deseo de decirle a todo el que la admira tanto que, en realidad, no era tan diferente a cualquier otra persona.

Pero también hay otra razón por la que Cassie se sentiría probablemente asombrada: su fe infantil, que seguramente la habría dejado atónita ante todo el jaleo que se armó acerca del significado de su llamado «martirio». Según recuerda su madre, Misty:

> Un día, aproximadamente una semana antes de la muerte de Cassie, estábamos sentadas a la mesa de la cocina, hablando, y abordamos el tema de la muerte. No recuerdo cómo fue, pero el caso es que dijo: «Mamá, no tengo miedo a morir, porque iría al cielo». Le dije que era incapaz de imaginarme que pudiera morir, que no soportaría la idea de vivir sin ella, a lo que me replicó: «Pero, mamá, tú sabrías que yo estaría en un lugar mejor que este. ¿No te sentirías feliz por mí?».

Retrospectivamente, las sinceras afirmaciones de Cassie sobre la vida después de la muerte parecen misteriosas. Al mismo tiempo, contribuyeron a tranquilizar a Misty, que sigue tratando de superar la pérdida de su única hija: «Pero mamá, tú sabrías que yo estaría en un lugar mejor que este».

Mary, otra madre que perdió a un hijo, encontró un consuelo similar pensando que su hijo, Pete, estaba en manos de Dios. Pete, un niño de cinco años, murió en una situación totalmente diferente, en el verano de 1960 y en la ciudad de Nueva York, pero su partida no fue por ello menos repentina.

A Pete, un niño feliz, de cabello claro y ojos azules, le encantaba jugar en la arena en el parque situado delante de su casa, con sus coches y camiones de juguete. Una mañana de agosto, cuando los niños de la clase del jardín de infancia se dirigían al Zoo del Bronx, Pete estaba entusiasmado. Se puso las zapatillas de deporte nuevas y su mejor camisa. Qué poco imaginaban todos que aquel sería el último día de su vida.

Hacia las tres de la tarde, su madre recibió una llamada del hospital Monte Sinaí: Pete había sido ingresado con lo que parecía ser una insolación. Mary se puso frenética; Wendell, su esposo, estaba en Europa en viaje de negocios, a miles de kilómetros de distancia y ella misma se encontraba a dos horas de viaje del hospital. Llevada en coche por una vecina, partió inmediatamente hacia la ciudad. Al llegar a la recepción del hospital, se le informó que a su hijo se le había incluido en la lista de enfermos críticos. ¿Por qué? ¿Cómo? ¿Qué ha ocurrido? Llamó a mi padre, que era su pastor. Atónito, él difundió la noticia por entre nuestra congregación y todo aquel que pudo reunirse para apoyar al pequeño se dedicó a rezar por él.

Pete, sin embargo, permaneció en coma y su estado empeoró. Perplejos, los médicos hicieron todo lo que pudieron y hasta una especialista fuera de servicio acudió para ver si podía ayudar en algo. Pero todo fue en vano. El final se produjo hacia las diez de la noche. Nadie se lo podía creer. Apenas aquella misma mañana, Pete había salido de casa tan lleno de vida. Ahora se había marchado para siempre y su padre, que ya había emprendido el viaje de regreso, no había llegado aún.

Sólo al día siguiente comenzó a desplegarse la imagen de lo que había ocurrido: mientras los niños observaban a un chimpancé con su pequeña cría, los profesores se dieron cuenta de que Pete no estaba entre sus compañeros, con los que había estado apenas un momento antes. Intensamente preocupados, alertaron inmediatamente a los funcionarios del zoológico y lo buscaron por todos los lugares imaginables. Finalmente, lo encontraron, enroscado sobre sí mismo, inconsciente, en el asiento trasero del autobús de la escuela, en el aparcamiento. ¿Cómo había encontrado el camino de regreso hasta el autobús, por entre los senderos, las multitudes y el laberinto de los distintos aparcamientos? ¿Quién podría haberlo conducido hasta allí sino su ángel de la guarda?

Al día siguiente de la muerte de Pete toda la barriada guardó silencio, sumida en un estado de incredulidad. No sólo Mary y Wendell, sino todos los padres y profesores de la comunidad se sintieron desgarrados ante el inesperado curso de los acontecimientos. Sin embargo, no sucedió lo mismo con los niños, que fueron mucho más prácticos. El día anterior habían observado a los animales en el Zoo; ahora, discutían de todas las cosas que Pete estaría viendo en su nuevo hogar, el cielo, y pintaban una gran imagen que representaba a un ángel llevándolo allí, en medio de estrellas, galaxias, nubes y arco iris. También recordaron las canciones que le gustaban a Pete y las cantaron una y otra vez.

Cuatro décadas después, Mary dice que aun cuando el transcurso del tiempo ha amortiguado su dolor, para ella sigue siendo un misterio cómo y por qué murió Pete. Eso, sin embargo, no le impidió aceptar lo que ocurrió. Lo mismo que los compañeros de clase de Pete, encontró la paz confiando en Dios: «He aprendido a aceptar la voluntad de Dios, aunque no pueda comprenderla. La vida es demasiado corta como para comprender todo lo que Dios desea decir cuando llama a un niño a su lado. Y, no obstante, estoy convencida de que con ello siempre quiere decirnos algo».

Hace varios años, otra familia a la que conozco perdió a un hijo, esta vez a causa del cáncer. A diferencia de lo sucedido con la muerte de Pete, la de Mark John no fue repentina y, no obstante, también demuestra cómo el espíritu infantil es capaz de superar el mórbido pesimismo que tan a menudo asociamos con la muerte, convirtiéndolo en una experiencia redentora. Citemos del diario de sus padres:

Los médicos del «Yale-New Haven» propusieron que Mark John, que entonces tenía tres años, fuese trasladado a un hospital de la ciudad de Nueva York, para someterlo a una quimioterapia intensiva, junto con algún otro nuevo tratamiento que todavía se hallaba en fase de experimentación. Al preguntarles cuánto ayudaría eso a la recuperación de Mark John, sólo pudieron contestarnos que, en el mejor de los casos, contribuiría a prolongarle la vida de dos a ocho meses y, aún así, al precio de que se sintiera muy enfermo. Al presionarles con nuestras preguntas, tuvieron que admitir de mala gana que el tratamiento le haría sufrir terriblemente; de hecho, hasta podía morir a causa del tratamiento . . .

Decidimos que preferíamos tener a nuestro hijo en casa, cerca de nosotros, antes que en un hospital, aunque eso supusiera la posibilidad de que viviera un poco más. Fue una decisión angustiosa, pero sabíamos que únicamente Dios tiene nuestras vidas en sus manos y, especialmente, la vida de nuestro pequeño hijo.

Mark John se fue debilitando a cada día que pasaba. Al cabo de pocas semanas nuestro pastor sugirió que lo lleváramos a un servicio religioso, en el que pudiéramos ponerlo en brazos de la Iglesia e interceder por él. Sabíamos que Jesús podía curarlo, pero también que podía desear recuperarlo junto a su lado ...

El servicio religioso fue muy sencillo. Nuestro pastor habló de cómo Jesús ama a todos los niños del mundo y luego rezó para que se cumpliera la voluntad de Dios y para que nosotros estuviésemos preparados para aceptarla.

La Semana Santa tuvo un significado especial para nosotros, al pensar en el sufrimiento y el profundo dolor que padeció Jesús, su abandono y necesidad de ayuda y luego su resurrección e increíble promesa a todos los hombres. Mark John era seguramente un creyente. Creía tal y como Jesús nos dijo que creyésemos: como un niño.

La mañana de Pascua lo llevamos a dar un largo paseo en su cochecito y su madre le habló del cielo, de los ángeles y de Jesús. Le dijo que pronto iría al cielo, donde nos esperaría y algún día todos volveríamos a estar juntos. Él escuchaba, asentía y, de vez en cuando, decía: «Sí». Más tarde, cuando el resto de la familia se reunió con él, atrajo hacia sí a su hermana mayor y le susurró alegremente: «¡Natalie, pronto tendré alas!».

Luego, Mark John perdió la visión en un ojo. Lloró al darse cuenta. Todos nos sentíamos llenos de tensión:

¿se quedaría ciego antes de que Jesús viniera para llevárselo? Anhelábamos tanto que se le evitara al menos aquel tormento . . .

En una ocasión en que estaba tumbado en la cama de nuestro dormitorio, entre nosotros, nos preguntó sobre el cuadro colgado en la pared opuesta, en el que se representaba al Buen Pastor inclinado sobre un risco para rescatar a un cordero, mientras un ave de presa se cernía sobre él. Sabíamos muy bien que un ave de presa se cernía igualmente sobre nuestro pequeño hijo, a pesar de lo cual él se mostraba confiado e inconsciente. Se tornó pensativo mientras contemplaba la imagen y nos pidió que le habláramos de ella. Le dijimos que Jesús era el Buen Pastor y que todos nosotros somos sus corderos, incluido él. Fue extraordinaria su atenta forma de escucharnos y pareció comprendernos.

Para entonces apenas comía algo. Adelgazó a ojos vistas y temimos que se muriese de hambre. Nos preguntábamos durante cuánto tiempo podrían aguantar nuestros ojos verle sufrir tanto, a medida que la enfermedad distorsionó lenta pero terriblemente su querido rostro y cuerpo, cambiándolos. Pero, de algún modo, el amor nos mostró el camino a seguir. Todos los niños querían estar con él. Todos aceptaban completamente su sufrimiento . . .

Un día en que nos inclinamos sobre él, mientras estaba en su pequeña cama, extendió hacia nosotros sus delgados brazos y gritó lastimosamente: «¡No veo! ¡No veo nada!». Le dijimos: «Cuando estés en el cielo, cuando acuda tu ángel de la guarda y te lleve consigo y te deposite en los brazos de Jesús, podrás ver de nuevo». Pero nada lo consolaba. Nos preguntó: «¿Cuándo? ¿Cuándo?». Le contestamos: «Pronto». Discutió y dijo: «No», ante lo que tuve que insistirle: «Te lo prometo». Sólo entonces se calmó.

Uno o dos días más tarde, al darle las buenas noches, se medio incorporó y dijo: «Quiero darte un beso, mamá» y le dio un sonoro beso. Besó primero a su madre y luego a mí. Nos sentimos los dos muy conmovidos y felices porque hacía ya muchos días que no nos había dado un beso así: su cabecita se volvió hacia su madre, con aquellos preciosos ojos con los que ya no podía ver . . .

Durante los últimos días hablamos a menudo con Mark John y le dijimos que era un chico muy valiente, que nos sentíamos muy felices de que hubiese llegado hasta nosotros y que siempre había sido un buen chico. En dos de aquellas ocasiones nos contestó muy enfáticamente, moviendo la cabecita de un lado a otro y diciendo: «No, no». Eso nos angustió. No sabíamos qué quería decir, pero al pensarlo más tarde tuvimos la sensación de que quizá sólo quería recordarnos que en ocasiones había sido travieso y que lo lamentaba.

El último día vomitó sangre. El médico nos miró y nos dijo: «Será pronto». Entonces, entonamos una canción que habíamos cantado muchas veces durante los últimos días: «Recorreremos el valle de la sombra de la muerte». Al llegar a la estrofa que dice «El propio Jesús será nuestro guía», Mark John dijo con toda claridad: «Sí, sí, sí».

Mark John demostró una increíble fortaleza en sus últimas horas. En varias ocasiones exclamó: «¡Arriba, arriba!». Le preguntamos si quería subir al cielo, a lo que contestó: «Sí». En un momento determinado, le dijimos: «Adiós, Mark John», a lo que él respondió: «Todavía no». Eso sucedió aproximadamente una hora antes del final.

Un poco más tarde, mientras estábamos inclinados sobre él, exclamó de repente: «¡Rían!».

«¿Qué, Mark John?»

«¡Rían!»

«Pero, ¿por qué hemos de reír, cariño?»

«Porque . . .», fue su breve pero enfática respuesta. Y luego, mientras todavía nos esforzábamos por comprenderlo, repitió: «¡Rían, *por favor!*».

Entonces le dijimos: «Adiós, Mark John» y él nos dijo: «Adiós». Le dijimos que volveríamos a verle pronto porque, para él, en la eternidad, sería pronto. Entonces, levantó las dos manos, las extendió hacia arriba y señaló con los dedos índices hacia el cielo, como si mirara y viese con los ojos, aquellos ojos ciegos con los que ya no podía ver nada sobre esta tierra, pero que ya veían más allá de nuestro mundo. Exclamó: «¡Son dos! ¡No uno!».

Lo repitió dos o tres veces. «¡Son dos! ¡No uno!». Vio a dos ángeles que venían para recogerlo y nosotros siempre le habíamos dicho que sería uno. Luego, se volvió hacia su madre y dijo con toda claridad y ternura: «Mami, mami». Después dijo: «Papá, papá». Fue como si quisiera unirnos muy estrechamente. Entonces, con aquella querida y característica forma suya, asintiendo con la cabeza, dijo: «Mark John, Mark John». Era como si hubiese oído a Jesús pronunciar su nombre y lo repitiera para confirmarlo. Nunca le habíamos oído pronunciar su nombre de aquel modo. Nos inclinamos sobre él y en dos ocasiones más levantó los brazos, aquellos delgados brazos que, durante días, habían estado demasiado débiles hasta para llevarse una taza a la boca, y señaló hacia el cielo.

Luego, jadeante por la respiración, exclamó: «¡Mami, mami, mami, mami!». Ellen le habló suave y tranquilizadoramente . . . Aún respiraba pesadamente, pero ya no podíamos notar los latidos de su pequeño corazón. Y luego llegó el último y precioso aliento y el suspiro de la agonía. La muerte se había apoderado de su cuerpo, pero su alma había salido victoriosa y libre. Llamamos una y otra vez a nuestro querido hijito: «¡Mark John, Mark John!». Pero ya se había ido. El médico nos dijo: «Ahora, todo ha terminado. Su alma es libre y está con Dios. Ya ha dejado de sufrir». Le preguntamos: «¿Está realmente seguro?», a lo que nos contestó: «Completamente, más allá de toda duda». Eran entre las tres y las cuatro de la madrugada . . .

Ahora, al recordar aquella noche, comprendemos que Mark John avanzó lentamente hacia otro mundo. Se fue lleno de confianza, incluso sintiéndose feliz. Fue como si se encontrara ante las puertas de la eternidad y nosotros hubiésemos podido llevarlo hasta allí, para luego tener que dejarlo. Él entraría y nosotros tendríamos que esperar.

7

Expectación

A pesar de que, en un día normal, la muerte es lo último en lo que se nos ocurriría pensar, hay momentos en que las circunstancias nos obligan a pensar en ella: un accidente grave con el que nos encontramos en la autopista, un atentado terrorista, una catástrofe natural, un crimen violento del que se informa en las noticias, el diagnóstico de una grave enfermedad como el cáncer, recibido por alguien a quien conocemos o que amamos . . . Todas estas cosas nos recuerdan que la muerte nos golpea al azar. De repente, la muerte deja de ser una perspectiva distante, algo que únicamente debe preocupar a otras personas, para convertirse en una cuestión que no tenemos más alternativa que afrontar. Que lo hagamos con temor o con confianza es lo que establece toda la diferencia.

He conocido a gente que dice que preferiría sufrir una muerte rápida antes que pasar por todo el angustioso sufrimiento de una muerte lenta. Y, sin embargo, en tres décadas de asesoramiento, nunca he conocido a un moribundo que no se sintiera agradecido por la oportunidad de prepararse para la muerte.

Cuando a Winifred, una anciana editora a la que conozco, se le comunicó que se le tendría que practicar una operación cardíaca, contempló con ilusión la posibilidad de llevar una vida nueva y saludable. Durante años había sufrido una enfermedad debilitante y los médicos recomendaron la sustitución de una válvula cardíaca. Por otro lado, no desconocía la gravedad del procedimiento quirúrgico y, en privado, se preparó para lo peor.

Empezó por su mesa. Aunque normalmente aparecían desparramados sobre ella montones desordenados de libros y carpetas, que ocupaban toda la superficie disponible, la tarde antes de someterse a la operación la dejó insólitamente limpia: todo quedó apilado ordenadamente, como a la espera de que alguna otra persona lo clasificara. Más tarde, ese mismo día, le dijo a Kathy, una colaboradora, que quería hablar en privado con ella.

Kathy afirma que no le dijo «nada importante»; sólo un par de recelos que todavía agobiaban su conciencia después de tantos años, incluido un incidente en el que, siendo profesora, se había comportado de un modo excesivamente duro e impaciente con los niños que tenía a su cuidado.

Winifred salió de la operación en un estado semiinconsciente y murió varios días más tarde, sin haberse podido despedir de su esposo y de sus cinco hijas. Tenía setenta y nueve años y un montón de complicaciones médicas. Si no se hubiese sometido a la operación quirúrgica a nadie le habría sorprendido que muriese a causa de sus problemas cardíacos. Tal como sucedieron las cosas, sin embargo, sus hijas se sintieron desgarradas por el dolor y los autorreproches. Todos sabían que existían algunos riesgos, pero aquel desenlace era realmente lo último que esperaban. ¿Acaso los médicos no se habían mostrado confiados en que todo saldría bien, diciéndoles que su madre saldría de la operación como una mujer nueva? Además, su padre se había sometido con éxito a la misma operación no hacía mucho tiempo.

Pero aunque la familia no esperaba la muerte de Winifred, a juzgar por la conversación que mantuvo con Kathy, estaba claro que ella sí la esperaba. Y fue precisamente esa convicción, más que ninguna otra cosa, la que se transformó en un elemento de consuelo y paz para sus allegados, durante los difíciles meses de duelo que siguieron.

Después de que a Rilla, de 35 años de edad, se le diagnosticara un cáncer, se sometió a una operación quirúrgica y
la enfermedad remitió. Dos años más tarde, sin embargo,
reapareció y pronto quedó claro que toda ulterior ayuda
médica sería inútil. Convencida de que no había nada de
accidental en la recidiva de la enfermedad, decidió no
luchar esta vez contra ella y limitarse a aceptar la voluntad
de Dios. Rilla, una mujer alta y pelirroja, con una sonrisa
radiante, era una persona a la que no se podía olvidar. De
hablar suave, pero no reservado, le encantaban las cosas
hermosas de la vida: flores, música, poesía... y los niños.
Al mismo tiempo, al haber alcanzado la mayoría de edad
en los turbulentos años de finales de la década de 1960,
era dolorosamente consciente de los aspectos duros de
la vida y siempre andaba buscando formas de ayudar a
reclusos, ancianos desvalidos y discapacitados mentales y
físicos. Así continuó haciéndolo, incluso después de que
la enfermedad empezara a pasarle factura.

Hacia el final de su vida, cuando ya se sentía demasiado agotada como para salir de casa, Rilla lloró por las
necesidades del mundo, especialmente por los niños que
sufrían, diciendo: «Nuestros corazones son muy pequeños, pero aún podemos desear que se amplíen un poco
más, rezando por todos aquellos que sufren».

A Rilla se le diagnosticó el cáncer durante los últimos
días de estancia de mi padre sobre la tierra y ella fue la

primera persona moribunda a la que acompañé sin el consejo de mi progenitor, de cuyo apoyo había dependido hasta entonces.

Al igual que otras muchas almas sensibles, Rilla podía ser una persona desgarrada y bastante complicada. Se angustiaba con facilidad a causa de lo que percibía como sus deficiencias y se esforzó durante años por encontrar una fe personal. Al compartir con ella la experiencia de los últimos días de mi padre y al darse cuenta de que su propia muerte no se hallaba muy lejana, la vida se hizo repentinamente mucho más sencilla para ella.

Un día, Rilla me pidió que la bautizara, lo que hice una semana después de la muerte de mi padre. La fortaleza que le infundió su recién encontrada fe resultó verdaderamente notable. «Experimento la gracia en mi vida, la riqueza y la plenitud de Dios», me dijo.

A medida que avanzó su enfermedad sintió la necesidad de utilizar cada día para prepararse para la separación final de todos aquellos que la rodeaban. Quería conseguir muchas cosas. Uno de sus proyectos implicaba clasificar su colección de libros de poesía, que contenía también varios poemas escritos por ella misma y decidir entre quiénes la repartiría. Su hermano Justin, que la ayudó, dice que lo hizo con una actitud tan despreocupada y alegre que le dejó perplejo. Ella se dio cuenta y, a la mañana siguiente, tras decirle que no deseaba intensificar su dolor, se disculpó por hablarle de su propia muerte.

Pero desde un punto de vista retrospectivo, como sucedió con Winifred, la voluntad de Rilla de mirar al futuro de cara resultó ser de una verdadera ayuda para todos aquellos que lamentaron su pérdida. El valor emanado de ella en la vida se convirtió para ellos en algo que conservaron, hasta mucho después de su desaparición.

A Lynn se le diagnosticó leucemia en 1979, justo poco después de que naciera su sexto hijo. Al principio, la quimioterapia y la radioterapia consiguieron contener el cáncer y hacerlo remitir; pero más adelante reapareció. Una segunda ronda de tratamientos también logró disminuir el ritmo de avance de la enfermedad y alimentó las esperanzas de una recuperación. Pero esta no llegaría a producirse del todo. La leucemia no tardó en descontrolarse por tercera vez.

Los especialistas animaron a Lynn a someterse a un tratamiento experimental, pero al descubrir que eso implicaría tener que viajar hasta un hospital muy alejado, decidió prescindir del tratamiento. Además, según dijo más tarde su esposo James, ambos tenían la sensación de que la vida de su familia estaba en manos de Dios y deseaban confiar su futuro únicamente a él.

Eso, sin embargo, no significaba sentarse y esperar la muerte. Al darse cuenta del poco tiempo que le quedaba, Lynn se dedicó metódicamente a preparar a sus hijos para la vida sin su madre. Se ocupó de conseguirles camas más grandes y edredones más amplios; preparó un álbum de fotos para cada uno de ellos y ajuares especiales de bebé para sus propias futuras familias. Al pensar en quién podría ocuparse de ellos una vez que ella se hubiese marchado para siempre, ordenó todas sus ropas y pertenencias. Aparte de eso, disfrutó del tiempo y la atención de los amigos y vecinos y se preparó interiormente para abandonar esta vida y entrar en la siguiente. Según comentó el pastor de Lynn, fue como una de las cinco vírgenes sabias mencionadas en la Biblia. Había llenado su lámpara de aceite y estaba preparada para salir al encuentro de su Novio.

A medida que menguó su fortaleza, Lynn fue cada vez menos capaz de pasar el tiempo en el salón familiar; no obstante, cada vez que lo hacía estaba allí plenamente, escuchaba con atención la descripción de las actividades cotidianas de sus hijos, ponía paz en las peleas entre hermanos o les leía un libro. Cuando las náuseas la obligaron a guardar cama, tampoco renunció a desempeñar su papel de madre y pasó todo el tiempo que pudo con cada uno de sus hijos. Al final, sólo podía comunicarse con ellos con los ojos. Lynn murió en casa, en su propia cama, rodeada de su familia.

No a todo el mundo se le concede tiempo para que se prepare para la muerte. A pesar de todo, conozco a varias personas que, aun no teniendo ningún aparente conocimiento previo, debieron de percibir que su tiempo sobre la tierra estaba limitado. Eso le sucedió a Rachel, una niña de nueve años que vivía en el pueblo paraguayo donde me crié.

Mientras preparaba una pasta de caramelo en el fuego de la chimenea, la forma más habitual de cocinar, alguien llamó a la madre de Rachel «sólo un momento». Rachel se inclinó entonces para remover el caramelo y el fuego prendió en su vestido. Ella gritó y echó a correr en busca de auxilio, al tiempo que se incendiaban sus otras ropas. Su padre escuchó los gritos y acudió corriendo, la hizo rodar sobre el suelo y apagó rápidamente las llamas. Pero el daño ya estaba hecho: una cuarta parte de su cuerpo había quedado gravemente quemado.

Llevada directamente al hospital de la cercana misión, a Rachel se le aplicaron los mejores cuidados posibles, pero su estado empeoró durante los días siguientes y la niña sufrió terriblemente. Los médicos utilizaron una radio de onda corta para consultar con un especialista en Asunción, la gran ciudad más cercana, pero sus consejos fueron inútiles. La pérdida de líquidos agotó a la niña y a la noche del cuarto día dejó de responder a los cuidados médicos.

Para entonces ya estaba claro que no se podía hacer nada para salvar a Rachel. Su familia se reunió alrededor de su cama, cantándole las canciones que sabían le gustaban. En un momento determinado, su madre le habló y, de forma totalmente inesperada, la niña se sentó en la cama y cantó con ellos unas pocas estrofas. Mantuvo la conciencia durante las horas siguientes y hasta sostuvo una breve conversación con su madre y cantó para sí misma. Pero a primeras horas de la mañana siguiente experimentó una recaída y murió.

Varios días más tarde, su familia recordó que, algún tiempo antes del accidente, Rachel había regalado la mayor parte de sus pertenencias. Luego, apenas la semana antes del fatal suceso, mientras cantaba al aire libre con su madre y contemplaba las estrellas, sacó a relucir el tema de la muerte y preguntó por Dios. Nadie pudo estar seguro, claro, pero más tarde, al pensar en todo lo sucedido, muchos tuvieron la impresión de que se había estado preparando intuitivamente para su propia partida.

8

Preparación

Xaverie, una mujer llena de energía y muy alegre, era una abnegada esposa y madre. La enfermedad le afectó en lo mejor de la vida, a los treinta y tres años, y apareció de repente, justo después del nacimiento de su segundo hijo, Gareth. Primero le dolieron los ojos, luego sintió dolores de estómago y a continuación le aparecieron bultos en el cuero cabelludo. Empezó a tomar «Tylenol» y una semana más tarde ya tenía que tomar morfina. Apenas unos días después había fallecido.

Al descubrir que tenía cáncer, Xaverie adoptó una actitud casi reverencial y le dijo a John, su esposo: «Bueno, Dios no nos pide que soportemos algo que no podamos soportar, de modo que seguramente debe pensar que yo puedo soportar esto». Y a su madre le dijo: «Mi mayor temor en la vida era precisamente enfermar de cáncer. Sin embargo, en cuanto me enteré de que lo tenía, no experimenté ningún temor». Más tarde, su madre, Sibyl, escribió: «Al enterarnos del diagnóstico, nos dijo: "John, mamá, nada de caras tristes y lágrimas. No quiero que esto sea una gran experiencia mística. Quiero que sea alegre y hasta infantil". Tragué saliva con dificultad y probablemente a John le sucedió lo mismo. ¿Cómo íbamos a poder ponerle tan buena cara?».

Xaverie consideró su enfermedad como una llamada para que abandonara su amor por la vida y por su familia a cambio de un mayor amor hacia Dios, y sus años de sumisión cotidiana a Cristo le dieron la fortaleza necesaria para hacer este nuevo y aún mayor sacrificio. Naturalmente, quería mucho a sus hijos, pero abrigaba la impresión de que ahora tenía otra tarea que cumplir, prepararse para morir, de modo que no se aferró emocionalmente a ellos. Cuando se tomaron medidas para que una vecina se hiciera cargo de su cuidado, algo que a la mayoría de las madres les habría resultado difícil, ella aceptó la ayuda con agradecimiento y dio las gracias de todo corazón a aquella mujer.

Increíblemente, en ningún momento expresó ansiedad alguna acerca de su futuro y, desde el instante en que se enteró de su enfermedad hasta su muerte, nadie escuchó de sus labios una sola palabra de queja o la vio derramar una sola lágrima.

Un día en que mi esposa y yo acudimos a verla, solicitó la imposición de manos, una bendición descrita en la Epístola de Santiago 5:14: «¿Está enfermo alguno de ustedes? Haga llamar a los ancianos de la iglesia para que oren por él y lo unjan con aceite en el nombre del Señor». Pocos días más tarde, en respuesta a esta petición, celebramos un servicio religioso por Xaverie. Los allí reunidos estaban serenamente esperanzados, pero también sintieron el corazón desgarrado. Todos los presentes estaban conmovidos y hubo muchas lágrimas. Todos teníamos la sensación de que la eternidad se hallaba presente entre nosotros.

Xaverie llegó en una camilla con ruedas, conectada a un gota a gota y a una botella de oxígeno, y al entrar en la sala saludó alegremente con la mano y trató de incorporarse. En una foto que captó ese momento, se puede observar la expresión de angustia en el rostro de John. Pero la cara de Xaverie resplandecía de expectación y alegría. Al efectuar la imposición de manos sobre ella, me miró con confianza y dijo: «¡Con Dios, todo es posible!». Pero aunque estaba segura de que podía curarse si esa era la voluntad de Dios, también estaba completamente preparada para morir.

A la mañana siguiente, mi esposa y yo la visitamos de nuevo y le dijimos: «Xaverie, confiamos en que se haga la voluntad de Dios para ti. ¿Estás preparada para la eternidad?». Nos aseguró que nada agobiaba a su conciencia y que se sentía en paz: «Aceptaré la voluntad de Dios, sea cual fuere. Estoy preparada». Murió la noche de ese mismo día.

El hecho de que un enfermo terminal pueda arreglar y ordenar sus cosas y encontrar la paz con Dios es, nada más y nada menos, que una gracia, en la que hay tiempo para pedir perdón y para perdonar, para superar las diferencias y curar las viejas heridas. Pero ese tiempo no se le concede a todo el mundo.

Rick, un experto carpintero, siempre había sufrido de asma y hubo momentos en que se sintió tan grave que el médico llegó a temer por su vida. A pesar de todo, él era una persona alegre y extrovertida, que disfrutaba con un buen chiste y al que le encantaban los niños.

De repente, un día murió a causa de una hemorragia cerebral y dejó a Liz, su esposa, y a sus ocho hijos con edades comprendidas entre uno y catorce años. No hubo nada de insólito en la forma en que se inició aquel día. Después de levantarse temprano para ver salir a su hija mayor camino de la escuela, había tomado el desayuno con el resto de la familia y se había marchado al trabajo, en una fábrica cercana. Liz se sintió muy sorprendida cuando él apareció en la puerta, algún tiempo más tarde, disculpándose por no haberla ayudado a levantar a los niños esa mañana. Pero no había indicación alguna de que algo anduviera mal.

Hacia el final de la mañana, sin embargo, Jeff, un compañero de trabajo, encontró a Rick apoyado contra un montón de madera, quejándose de un dolor de cabeza muy fuerte. No era propio de Rick interrumpir su trabajo, por lo que Jeff se dio cuenta de que debía tratarse de algo serio. Mientras le ayudaba a sentarse en el suelo, envió a otro compañero a buscar rápidamente una camilla. Minutos más tarde, Rick ya no respondía. Lo llevaron con la mayor rapidez posible al hospital, pero ya nada pudo hacerse por él. Murió aquella misma noche, arrebatado en lo mejor de la vida. Todos los que le conocían se quedaron atónitos.

En la Epístola a los Efesios 4, se nos aconseja que hagamos las paces cada día: «antes de que se ponga el sol». Rick así lo hizo y ese mismo día el sol se puso definitivamente en su vida. Para su esposa, siempre fue una fuente de consuelo saber que había paz entre ellos cuando murió.

Fred, un ingeniero, murió incluso más repentinamente. Una mañana, mientras supervisaba el trabajo en una zona en construcción, empezó a notar dolores en el pecho. Un electrocardiograma practicado en la consulta de un médico cercano demostró señales de un ataque cardíaco y se llamó a una ambulancia. También se llamó a Margaret, la esposa de Fred, que llegó rápidamente, pero que no tardó en marcharse de nuevo para organizar la estancia en el hospital. Momentos más tarde, Fred, que aún estaba tendido sobre la camilla de examen, se quejó de mareo y entonces perdió el conocimiento. Se hicieron intentos desesperados por salvarlo, pero sin ningún resultado. Aún no se había desarrollado por entonces el apoyo cardíaco avanzado y los desfibriladores no formaban parte del equipo habitual de las consultas médicas. Cuando Margaret regresó, menos de una hora más tarde, se encontró con la increíble noticia de que su esposo ya no estaba con vida.

La noticia de la muerte de Fred se difundió con rapidez por la zona en construcción. Se interrumpió el trabajo y, al cabo de poco tiempo, se depositaron flores en el mismo lugar donde había estado ocupado apenas unas horas antes. Pero hubo poca conversación. Fred había sido un hombre de pocas palabras y ahora que se había ido para siempre, ¿qué mejor forma de demostrarle respeto que guardar silencio?

Cuando la muerte golpea tan inesperadamente como lo hizo en los casos de Rick y Fred, la primera reacción suele ser una conmoción paralizada. Según observó en cierta ocasión el escritor alemán Christoph Blumhardt, la mayoría de nosotros estamos tan enfrascados en nuestras obligaciones y tareas cotidianas que casi cualquier cosa puede asustarnos, simplemente por pillarnos desprevenidos. Y vivir la vida de ese modo resulta peligroso porque, como dice Blumhardt, significa «estar desprotegido, inconsciente, distraído y alejado de la realidad».

¿Qué significa, entonces, estar preparado para la muerte en cualquier momento? ¿Podemos presentarnos ante nuestro Hacedor para dar cuenta de nuestras vidas? La vida es, simplemente, demasiado frágil y cualquiera de nosotros podría apagarse para siempre en cualquier momento. En el Evangelio de Marcos, Jesús nos exhorta a permanecer vigilantes día y noche, «pues nadie sabe la hora de su muerte» y en su parábola de las diez vírgenes, nos advierte lo que sucederá si el «Novio» regresa y nos halla indiferentes y mal preparados. Pero, ¿debería eso asustarnos y hacernos poner mala cara, esperando continuamente lo peor?

Martin Luther King dijo en cierta ocasión que si el mundo tuviera que terminar mañana, seguiría plantando hoy el árbol que se había propuesto plantar. Luther King, un hombre profundamente religioso, no era ningún defensor superficial del viejo dicho: «Come, bebe y sé feliz, porque mañana moriremos». Pero tenía los pies firmemente puestos sobre la tierra, los ojos y el corazón fijos en el cielo y eso le daba una seguridad en sí mismo y la convicción de que ninguna calamidad le podía sacudir. También podría decirse lo mismo de nosotros, en la medida en que vivamos con una conciencia similar de la eternidad, y en la seguridad de saber que siempre estamos en manos de Dios. No importa lo que nos tenga reservado el futuro, que nos encuentre en paz, porque nuestra propia actitud subyacente sea la de estar preparados para cualquier cosa.

Cuando Aaron y Katie y sus siete hijos adolescentes abandonaron finalmente Ohio para dirigirse a Honduras, asolada por la guerra, su impaciencia era tan grande como su entusiasmo. Voluntarios de una Organización creada en 1994 y patrocinada por su Iglesia Mennonita, su autobús hacía tiempo que estaba repleto de equipo y suministros y ya habrían emprendido el camino si los informes sobre la violencia desatada en América Central no hubiesen dado al traste con sus planes.

Al cabo emprendieron finalmente el camino hacia el sur.

Incluidos en un convoy de vehículos de ayuda, cruzaron un estado tras otro y luego entraron en México, sin incidentes. Pero una mañana, cuando ya llevaban varias semanas de viaje, mientras el autobús descendía por una serpenteante carretera de montaña, cerca ya de

Tegucigalpa, se vieron sorprendidos por la calamidad. Su hija Shirley recuerda:

> Estaba dormitando cuando, de repente, papá empezó a apretar los frenos con fuerza y rapidez y mamá y Mandy preguntaron, preocupadas: «¿Están fallando los frenos?». Me incorporé repentinamente, totalmente despierta. Papá no contestó enseguida. Luego, con voz angustiada, admitió que fallaban los frenos y tomó el micrófono. Mis hermanos conducían el otro vehículo por detrás de nosotros y les dijo lo que ocurría: «¡Rezad! —les pidió—. ¡Rezad con devoción!»
>
> Empezamos a cobrar velocidad y nos dirigíamos directamente hacia una curva. A un lado se elevaba una enorme pared de roca y al otro se abría el precipicio. Le gritamos a papá que tratara de dirigir el vehículo hacia la pared, aunque sabíamos que eso sería fatal. Pero papá no consiguió detener el autobús de ese modo.
>
> La velocidad empezó a aumentar y, de repente, nos encontramos lanzados hacia un grupo de hombres que cargaban piedras sobre un camión aparcado a un lado de la carretera. Papá se dio cuenta de que chocaría contra el otro vehículo y empezó a temblar incontrolablemente, luego trató de esquivarlo y perdió el control del volante. «¡Vamos de cabeza a la eternidad!», exclamó; al mismo tiempo, noté que las ruedas se levantaban del suelo. Las piedras se precipitaron hacia nosotros y empezaron a

llover cristales por todas partes. Luego, ya no pude ver nada más . . .

Pocos minutos más tarde, resbalando por la escarpada ladera de la montaña, desde la carretera, los hermanos de Shirley la encontraron a ella y a sus hermanas gravemente heridas, pero vivas. Milagrosamente, teniendo en cuenta el destrozado estado en que quedó el autobús, se las habían arreglado incluso para salir de entre los restos del vehículo. Al ver a sus hermanos formando un grupo a corta distancia, Shirley se arrastró hacia ellos. Trataban de consolar a su madre, moribunda:

Mamá respiraba con dificultad y tenía una expresión agónica e impotente. Le dije: «Mamá, te amamos». Pareció fijar la mirada y, durante un segundo, me miró fijamente, pero los ojos se le volvieron a quedar en blanco. Fue entonces cuando vi a papá a pocos pasos de distancia, con el cuerpo retorcido y sin vida. El alma se me cayó a los pies. Papá había sido siempre tan fuerte y reconfortante que siempre había estado allí para todos nosotros.

Mirando de nuevo a su madre, Shirley se esforzó por «dejarla marchar», según diría más tarde.

Me sentía profundamente desgarrada. Una parte de mí misma deseaba gritar: «¡Mamá, vive! ¡Vive, por favor!». Pero otra parte de mí deseaba que se viese inmediatamente aliviada de su agonía. Así que le dije que se fuera tranquila y le prometí que volveríamos a encontrarnos algún día. Luego, me volví y traté de consolar a mi hermana, Mary, que estaba echada cerca de allí y parecía casi muerta. Al mirar de nuevo a mamá, comprendí que acababa de morir. Estuve arrodillada a su lado durante mucho tiempo, paralizada por el dolor.

Aparte de Aaron y Katie, todos los demás ocupantes del autobús sobrevivieron, aunque los días siguientes fueron una verdadera pesadilla. Ingresados en un hospital gubernamental en Tegucigalpa, Shirley y sus hermanas fueron sometidas a una batería de exámenes y operaciones quirúrgicas. Los medicamentos le aliviaron el dolor; pero nada pudo aliviar las imágenes que todavía la mantenían despierta por las noches y que parecían abrasarle el cerebro. Nada, excepto la inesperada paz que experimentó cuando vio a sus padres por última vez, antes de que sus cuerpos fuesen trasladados en avión a Estados Unidos, donde fueron enterrados. Las cosas estuvieron muy claras para Shirley: ambos estaban preparados para partir.

Al mirar el ataúd de papá, mi alma se sintió inundada por una sensación de paz muy profunda. Vi una expresión celestial en su rostro. Tenía la expresión más satisfecha que le hubiera visto jamás. Y al mirar a mamá observé en ella la misma expresión. Parecían muy felices. No me cabe la menor duda de que ambos están en el cielo.

9

Accidentes

Han transcurrido diez años y
la gente todavía mira al hijo de Hillary y pregunta: «¿No
es éste el que estuvo a punto de ahogarse?»

Estábamos sentados en la iglesia, en pleno servicio religioso, cuando un vigilante nos llamó a gritos. Nuestro hijo
Jarius, que estaba en la guardería de la iglesia, se estaba
ahogando. Llegamos a su lado en muy pocos minutos,
llevando con nosotros a otras tres personas de la congregación, dos médicos y una enfermera. Inmediatamente,
empezaron a tratar de abrirle las vías respiratorias. De
vez en cuando conseguían abrirlas parcialmente y entonces el niño lloraba, débilmente. Entre uno y otro de estos
accesos de respiración, permanecía en silencio. Pero
incluso entonces todo su cuerpo luchaba con el equipo

médico que le golpeaba alternativamente en la espalda y le succionaba en la garganta.

Jarius tenía entonces nueve meses y era un bebé feliz y sano que empezaba a explorar el mundo que le rodeaba. Su forma favorita de desplazarse consistía en rodar sobre sí mismo de lado y de esa manera podía llegar a donde quisiera. Rodaba sobre sí mismo para coger un juguete y luego se quedaba tumbado de espaldas, estudiándolo, o examinando sus propios dedos y la forma en que se movían. Esa mañana estaba jugando en el suelo cuando la encargada de la guardería se dio cuenta de que tenía problemas para respirar. Afortunadamente, pidió auxilio enseguida . . .

Aunque los tres facultativos continuaban esforzándose, estaba claro que no conseguían nada. Ahora, el niño tenía las vías respiratorias obstruidas durante la mayor parte del tiempo y cuando lograba respirar algo, era evidente que no obtenía oxígeno suficiente. Llamaron a una ambulancia y, cuando llegó, mi esposo, Travis, y yo saltamos a ella con Jarius.

Camino del hospital, el equipo médico siguió golpeándole y succionándole; también controlaron atentamente sus constantes vitales. Lamentablemente, seguíamos sin saber qué le producía la obstrucción. ¿Un alimento? ¿Una reacción alérgica? ¿Se cerrarían sus vías respiratorias por completo antes de que pudiéramos llegar a la unidad de reanimación?

Sentada en la parte delantera del vehículo, no podía ver a mi hijo, pero sí escuchaba sus gritos débiles y medio estrangulados y los largos y aterradores silencios que se producían cuando no podía producir ningún sonido, así como el tono de preocupación en las voces de los médicos, que intentaban decidir qué hacer a continuación. Me sentí impotente, sabiendo que no podía hacer nada excepto llamar interiormente a Dios a gritos y rogar en silencio su protección.

Llegamos al hospital y continuó la lucha por salvar a Jarius. A Travis y a mí nos llevaron aparte para preparar el historial y hacernos otras preguntas, mientras el equipo de rescate continuaba golpeando y succionando. Se preparaban para llevar a Jarius a la unidad de rayos X, cuando alguien gritó: «¡Ha salido! ¡Ha salido de golpe!».

Echamos a correr hacia él. Allí estaba nuestro hijo, llorando ahora en voz bien alta e indignada, y en la mano de una enfermera vimos una pequeña pieza de ferretería de una estantería ajustable, un clip metálico que mi hijo había descubierto e investigado de la mejor manera que sabía hacer: llevándoselo a la boca.

Llamamos a la iglesia para comunicar la buena noticia y nos dijeron que el servicio religioso acababa de finalizar. Pero eso no fue todo: había terminado con una oración por nuestro hijo. Desde aquel día supe el poder que tiene la oración, pues tuve la fuerte sensación, y todavía la tengo, de que esa fue la fuerza que liberó a mi hijo de su lucha con la muerte.

No todo el mundo es tan afortunado. Después de que Evelyn, en compañía de sus tíos, se instalara en su granja, en Canadá, no transcurrió mucho tiempo cuando ya se estaba haciendo cargo no sólo de sus propios hijos, sino que también cuidaba a la mitad de los niños de los alrededores. Al ser una adolescente tranquila, amante del juego, que nunca parecía ponerse nerviosa, tenía una forma muy agradable de relacionarse con los niños, que la buscaban para jugar, y siempre que no estaba trabajando o ayudando en las tareas de la casa, se la encontraba jugando con sus primos y sus amigos.

A menudo bajaban a la orilla del río, que corría a lo largo de uno de los lados de la granja. A Evelyn y a sus amiguitos se les tenía prohibido bañarse, ya que la corriente era fuerte y había hoyos profundos que cambiaban de posición. Pero en el verano de 1982 hacía mucho calor y, aunque uno no supiera nadar, jugar en la arena fresca aliviaba al menos un poco el bochorno. También lo aliviaba el meterse en el agua, cerca de la orilla.

Al no ser de las que faltan a sus compromisos, Evelyn no se quiso meter en el agua al principio. Pero un buen día se cansó de que la salpicaran y le gastaran bromas y pocos minutos más tarde jugaba en las aguas superficiales cercanas a la orilla. Al poco rato, uno de sus compañeros de juego distinguió una franja de arena a cierta distancia y sugirió que jugaran allí. Evelyn, que era la más alta del grupo, ayudó a los más pequeños y todos llegaron a salvo a la franja de arena.

Cuando llegó la hora del almuerzo, Evelyn inició el regreso por el mismo sitio, o eso fue al menos lo que creyó, sosteniendo a dos niñas más pequeñas, cada una de una mano. A medio camino de regreso hacia la orilla, en plena corriente, los tres se metieron en un profundo hoyo. Los demás niños, que todavía estaban en la franja de arena, empezaron a gritar horrorizados al ver que las niñas se esforzaban por mantenerse a flote. Afortunadamente, un muchacho algo mayor que estaba cerca oyó los gritos y acudió corriendo, se zambulló en el agua y acudió al rescate. Pero mientras las tres niñas se aferraban a él, el muchacho se sintió abrumado y jadeante. «Alguien tiene que soltarse. ¡No lo conseguiré!». Evelyn se soltó y el muchacho empezó a buscar la seguridad de la orilla con las otras dos niñas más pequeñas.

Una vez en la orilla, se precipitó de nuevo al agua para ayudar a Evelyn. Pero ya era demasiado tarde. Se había desvanecido. Para entonces ya habían llegado otras personas, incluidos los padres de Evelyn, que permanecieron sumidos en un atónito silencio e incredulidad.

El cuerpo de Evelyn se encontró más tarde, a varios cientos de metros de distancia, corriente abajo, atrapado por un árbol. Por extraño que pudiera parecer, la expresión de su cara no reflejaba ningún terror. A pesar del pánico que debió de sentir mientras realizaba sus últimos y desesperados esfuerzos por mantenerse con vida, su rostro irradiaba paz.

Los accidentes ocurren. Algunos se pueden prevenir o, al menos, así lo parece al examinar retrospectivamente las situaciones. En el caso de una muerte «innecesaria», a veces nos resulta prácticamente imposible perdonar a la persona a la que consideramos responsable. Lo mismo sucede cuando nos acusamos a nosotros mismos, o cuando los demás hacen que nos consideremos culpables. Pero incluso cuando somos incapaces de ver la forma de seguir adelante, siempre podemos aferrarnos al más profundo anhelo de paz que sentimos en el corazón. También contamos con la posibilidad de rezar para no dejarnos arrastrar por otras emociones, especialmente la tentación de la amargura o del autorreproche. En resumen, tenemos que confiar en que aun cuando nada pueda eliminar el dolor de una tragedia, nos empuje al menos hacia los brazos de Dios, aunque sea cuando nos hallemos al borde de la desesperación. Eso puede suceder siempre que estemos abiertos a tal posibilidad, como demuestra la siguiente anécdota sobre Karen, una amiga.

Misionera en Haití, Karen perdió a su hija Hannah, de tres meses de edad, a causa de un terrible accidente ocurrido en su hogar:

Una tarde, mientras esperaba el regreso de mi esposo, calenté agua en la estufa para bañar a mi hija pequeña. Mientras preparaba la bañera y un pañal, toallas e imperdibles, ella estaba dormida en nuestra cama, así que decidí dejarla dormir durante un rato. Dejé la bañera en el suelo, coloqué una toalla enrollada al lado de la niña, para impedir que se cayera rodando de la cama y fui a la cocina.

Aquella sencilla decisión cambió mi vida de una forma irreversible. Mientras estaba fuera, Hannah se despertó, se movió de un lado a otro hasta que avanzó hacia el borde de la cama y, una vez allí, rodó sobre sí misma y cayó en la bañera. La encontré unos pocos minutos después, pero ya era demasiado tarde: mi bebé se había ahogado. Nunca habrá palabras para expresar cómo me sentí en ese momento. Le imploré a Dios desde lo más profundo de mi alma . . .

Al saber, por otras situaciones similares, que los padres que han perdido a un hijo en un accidente parecido, se sienten a menudo totalmente incapaces de afrontar los sentimientos de culpabilidad, que pueden llegar a obsesionarlos durante el resto de sus vidas, le pregunté a Karen si había logrado superar lo ocurrido. Naturalmente, se había culpado mucho a sí misma, pero su principal actitud mental es de una notable sensación de libertad y de paz:

Han pasado ya nueve años desde que Hannah se ahogó
y todavía me pregunto: «¿Cuántos años tendría ahora?».
«Si aquello no hubiese sucedido, ¿cómo sería la vida?».
Y todavía hay veces en las que lloro, sumida en una profunda tristeza. Pero sería una estúpida si permitiera que
esos pensamientos llenaran mi mente. He encontrado la
paz al concentrarme en mi fe de que el Creador de todo
es mi pastor y que le tengo que seguir como una oveja,
aunque no vea «la totalidad del cuadro».
No puedo explicar el consuelo que sentí y que siento
ahora en Dios. Es un misterio. Pero quizás una cita de
Amy Carmichael, algo que alguien me dijo tras la muerte
de Hannah, roce quizá las razones por las que siento lo
que siento: «Apenas si vemos un centímetro del estrecho
camino del tiempo. Para nuestro Dios, la eternidad se
despliega tan abierta como un prado. A los seres celestia-
les, que han alcanzado el hermoso Fin, puede parecerles
bien extraño que tú y yo cuestionemos siquiera lo que el
amor permite que suceda».

Aunque cabría desear que todo aquel que busque curación
la encuentre, como en el caso de Karen, eso sigue siendo
un don bastante raro. Incluso cuando se concede, no se da
de forma inmediata, sino que únicamente se alcanza con
el tiempo. Después de todo, la pregunta más acuciante
que se suele plantear después de un accidente (ya sea fatal
o no) no es cómo superarlo, sino descubrir cómo y por

qué ocurrió. Y hasta que no nos hayamos reconciliado con eso, el «seguir adelante» parece discutible.

Puesto que los accidentes siempre parecen algo sin sentido, la mayoría de nosotros se apresurará a aceptar la primera explicación plausible que encuentre. Y la encontrará, sin duda. Siempre hay alguien que aventura una solución, que propone una medida preventiva perfecta o que tiene en la punta de la lengua una lección «evidente». Pero ya es mucho más difícil descubrir el significado más profundo de un accidente, si es que lo tiene. Quizá sea esa la razón por la que Dan, un hombre de cuarenta años, que sobrevivió a una caída mortal, tenga la sensación de que después del accidente es mucho menos importante encontrar respuestas al por qué se produjo y examinar más bien las preguntas que plantea:

Por aquel entonces yo iba a la Universidad Cornell y, una noche, un grupo regresábamos a pie a casa después de asistir a un concierto de rock en el campus de la universidad. Tomamos por un atajo conocido, pero estábamos un poco bebidos y sólo éramos vagamente conscientes de lo cerca que aquel camino pasaba de una profunda garganta.

Los amigos me dicen que yo estaba allí y en el momento siguiente había desaparecido. Estaban convencidos de que había muerto. Algunos descendieron junto a la rugiente cascada y buscaron mi cuerpo entre las rocas. Uno fue a llamar a la policía y otro se quedó en el camino donde había desaparecido. Yo no recuerdo nada, excepto que, al despertar, me encontré mirando a lo alto, hacia un cielo lleno de estrellas. Grité dos veces pidiendo auxilio y la segunda vez me contestó una voz a unos siete metros por encima de donde me encontraba. Era uno de mis amigos, que se apresuró a marchar en busca de ayuda. No tardó en regresar con un estudiante que era escalador. Entre los dos, hicieron bajar una cuerda y me izaron de nuevo hasta el camino.

Mis amigos estaban extasiados. Alguien encendió un pitillo, que todos compartimos, e hicimos balance de lo ocurrido. Yo había tropezado y me había caído por el precipicio, yendo a parar sobre un saliente de apenas un metro de anchura, el único que existe a lo largo de un camino de más de kilómetro y medio, que serpentea el borde de la garganta. De haberme caído en cualquier otra parte, no habría sobrevivido. Tal como sucedieron las cosas, aterricé de espaldas sobre el saliente, recubierto de musgo y no sufrí un solo arañazo o moratón.

De regreso ya en los dormitorios, entramos ruidosamente. Sin embargo, mientras reíamos, observé a un compañero de clase que me miraba fijamente, como si yo fuese un fantasma que acabara de regresar de entre los muertos. Supongo que yo mismo me sentía así. Había burlado a la muerte, aunque sólo por unos pocos centímetros.

A pesar de todo, aquella caída tuvo muy pocos efectos sobre mí, si es que tuvo alguno. Alguna otra persona quizá se hubiese sentido conmocionada por lo sucedido, o hubiera tomado repentina conciencia de lo preciosa que es la vida. Pero yo no me dejé impresionar lo más mínimo. En lugar de eso, me divertía con un sano abandono.

Ahora, al mirar hacia atrás, comprendo que al burlarme del incidente de aquella manera no hice sino evitar su impacto, pasando por alto así una rara oportunidad de examinar mi vida, su significado, su dirección y propósito. Pero lo cierto es que por aquel entonces mi visión del mundo me hacía incapaz de absorber cualquier mensaje más profundo que me pudiera transmitir lo ocurrido. Fue muchos años más tarde, en realidad después de una conversación sobre el tema, cuando pude pensar realmente en lo ocurrido y apreciar toda su gravedad. La protección que experimenté aquella noche es algo que me sigue infundiendo respeto.

También he experimentado otras llamadas en las que he estado cerca de la muerte, incluido un accidente de tránsito casi fatal y, no hace mucho tiempo, mi madre me dijo algo que me indujo a pensar en esos incidentes de una forma nueva. Su pregunta fue: «¿Dónde estarías sin el dolor que puso Jesús en tu vida?». A menudo me he planteado esa pregunta. Hay un gran misterio en la forma en que la muerte (o un roce con la muerte) puede conducirnos a la vida, en la forma en que Dios se acerca a nosotros y nos conduce desde los infiernos de la vida hacia el cielo. Es posible que nunca lleguemos a comprenderlo y, probablemente, tampoco estamos destinados a comprenderlo, pero sigue sucediendo, a pesar de todo . . .

10

Más allá de la medicina

He estado reflexionando algo sobre mi futuro. He visto al médico el martes por la mañana y parece ser que mi tumor no responde ni siquiera a los fuertes medicamentos que me están administrando. Me sometieron a una operación importante y luego a una serie de tratamientos que tenían el propósito de curarme. Pero no funcionaron. Ahora, ha reaparecido la enfermedad. La aplicación de más tratamientos podría prolongar mi vida, pero no pueden curar la enfermedad.

Cuanto más pienso en ello, tanto más se afianza la sensación de no someterme a más tratamientos. Es una experiencia de lo más desagradable y todo en mí rechaza la idea de pasar de nuevo por eso. Tampoco me resigno a perder nuevamente el cabello. Quizá sea una cuestión menor, lo sé, pero para mí es necesario.

En otras palabras, me gustaría poder vivir la vida únicamente día a día. Sé que si me aferro a Jesús, él me acompañará en mi camino por entre este valle de lágrimas. Después de todo, ¡Él también estuvo aquí! Creo firmemente en las palabras de Job: «Yo sé que mi redentor vive . . . y cuando mi piel haya sido destruida, todavía veré a Dios con mis propios ojos».

Sé que habrá momentos muy difíciles, pero quiero volverme cada vez más hacia mi médico celestial y confiar en él en lo que me quede de vida; él es quien mejor sabe curar. Me ha dado una vida plena y ahora siento la satisfacción de entregársela a él.

Bronwen

Cuando Bronwen, de cuarenta y nueve años, le escribió esta carta a mi esposa, le estaban reapareciendo bultos por todo el cuerpo y ya sabía que nada más podía hacerse por ella. Después de combatir el cáncer durante varios años, se sentía «acabada» con la quimioterapia (según sus propias palabras) y cansada de esperar los resultados del siguiente análisis o del próximo escáner. No es que estuviera cansada de vivir sino que, simplemente, estaba preparada para ir más allá de la medicina.

Su actitud era fácilmente comprensible para todo aquel que supiera el mucho tiempo que Bronwen había luchado hasta entonces contra el cáncer. No abandonaba la lucha sino que se limitaba a reconocer que esta había pasado ahora a un plano diferente. Y eso lo hizo de una manera tan natural que nadie intentó convencerla de lo contrario. Según escribió en una carta varios días más tarde: «Experimento una sensación de paz acerca de lo que me espera. Una hace lo que puede mientras puede, pero lo único que queda al final es la oración».

Lamentablemente, vivimos en una cultura donde la mayoría de la gente frunce el ceño ante una actitud como la adoptada por Bronwen. Las encuestas demuestran (al menos en Estados Unidos) que la gran mayoría de enfermos terminales preferirían morir en sus casas, como murió ella, en su propia cama, rodeados por el amor de familiares y amigos. Pero la verdad es que la mayoría pasan sus últimos días en hospitales, conectados a tubos y aparatos de control y atendidos por personas prácticamente extrañas. El resultado es que, en lugar de tener la posibilidad de utilizar sus últimos días para examinar sus propias vidas, para compartir recuerdos, despedirse de los amigos, recordar el pasado (o reconciliarse con él), los pasan en un ambiente hospitalario, en una lucha inútil por retrasar lo inevitable.

Las razones de que eso sea así son muy numerosas. Por un lado, los notables avances de la ciencia médica, alcanzados durante las últimas décadas, han aumentado las expectativas en todos los frentes y el deseo de demostrar la invencibilidad es a menudo extremadamente fuerte, en particular, entre los oncólogos y otros especialistas.

Según escribió un profesor de medicina miembro de la «Ivy League», en un reciente artículo publicado en *Time*, «la mentalidad de éxito ante el peligro mortal, similar a la del piloto de combate», que se inculca a los médicos jóvenes, hace que muchos de ellos se olviden de su humanidad. «Rinden culto al santuario de la objetividad científica y se envuelven en un manto de despersonalización... todo ello en nombre de la victoria sobre la muerte».

No es nada extraño que a muchos les resulte luego difícil dejar que un moribundo muera en paz cuando este insiste en renunciar a la continuación del tratamiento: se les ha educado para no admitir nunca la derrota.

Pero eso únicamente es la mitad de la historia. La otra mitad se refiere a aquellos de nosotros que abrigamos expectativas irreales de que una operación más, un protocolo experimental más, impida al moribundo decir lo que realmente piensa: «Sáquenme de este hospital. Quiero morir en mi casa».

A veces, el temor también juega un papel por ambas partes. Un hospital, receloso ante la posibilidad de denuncias por negligencia profesional, quizá prefiera perder a un «cliente» en medio de un último esfuerzo por salvarle la vida, antes que permitirle el regreso a su casa y encontrarse entonces con las protestas de los doloridos parientes, afirmando que los médicos deberían haber hecho mucho más. Y una familia, aunque crea haber hecho todo lo que estuviera en su mano, quizá vacile antes de tomar la decisión de permitir que la persona querida regrese a su hogar, por temor a que los demás crean que no estuvo dispuesta a realizar ese último esfuerzo.

Como podrá confirmar todo aquel que haya participado en la atención médica entre la vida y la muerte, ningún conjunto fijo de normas podría funcionar del mismo modo para todos. Cada ser humano, incluso aquel que tiene exactamente el mismo diagnóstico que otro, se acerca a la muerte a su propio modo y cada enfermedad terminal plantea sus propias preguntas. Pero es vital que esas preguntas se aborden con sinceridad y de un modo abierto.

A veces, por ejemplo, me pregunto durante cuánto tiempo se debería mantener vivo el cuerpo cuando ya está claro que el alma anhela verse liberada. Cuando la prolongación de la vida supone semanas o meses de hospitalización, con un mínimo contacto con la realidad y ninguna mejora apreciable, tenemos que estar dispuestos a preguntarnos: ¿mantenemos vivo a alguien por su bien, o por el bien de los demás que no desean dejarle partir? ¿Estamos tratando de establecer una norma ética o permitimos que alguien cuyo principal interés es la investigación nos presione para que hagamos algo concreto?

Ir más allá de la medicina no supone empequeñecer

o despreciar su papel, ni descartar la ayuda muy real que esta proporciona en la lucha contra la infección o el alivio del dolor. Pero sí supone alejar la atención de las inyecciones, las pastillas y los controles y mediciones, entrenándola para percibir las dimensiones sociales y espirituales de la muerte, cosas que, en último término, son mucho más importantes.

Cuando quedó claro que ya no le quedaba mucho tiempo a Pat, un viejo colega con un largo historial de enfermedades cardíacas, él y su familia se decidieron en contra de la hospitalización. Eso supuso actuar contra el criterio y el consejo de varios especialistas; los hospitales siempre parecen disponer, bajo la manga, de «algo más que podría usted utilizar» y muy raras veces le animan, si es que le animan alguna vez, a tomar las decisiones por su propia cuenta. Pero la familia de Pat así lo hizo y no lo lamentó, ni siquiera cuando él murió, varias semanas más tarde: «Todos pudimos estar allí, incluido el más pequeño de los nietos. Pasar aquellos últimos días fuera de casa, en algún hospital, habría sido para Pat una lamentable pérdida de su precioso tiempo».

Tina, una mujer que murió en su casa, utilizó poco la ayuda médica a la que tenía acceso, sobre todo hacia el final. No se trató de una cuestión de principios: durante las últimas fases del cáncer de mama, dependió mucho de los analgésicos y aceptó los cuidados paliativos. Pero insistió en que morir era una cuestión de familia e hizo todo lo que pudo por evitar que fuese medicalizada. Según recuerda una enfermera:

> Una vez que Tina tuvo muy claro que iba a morir realmente, realizó un esfuerzo concertado para alejarse de todo, excepto de lo básico. No se mostró grosera, pero sí firme: «Si voy a morir de todos modos, de nada sirve acudir a la consulta del médico, permitir que me saquen sangre, me pesen o me hagan cualquiera de esas cosas. Lo verdaderamente importante es que me sienta lo bastante cómoda para vivir».
>
> Negándose a guardar cama, incluso cuando sentía náuseas y debilidad, se arrastraba hasta el trabajo siempre que podía (un trabajo de oficina, cerca de su casa). «No me estoy muriendo de cáncer —decía—, sino que estoy *viviendo* con él.»

Ya cerca del final, Tina despidió a las enfermeras que acudían a atenderla en su hogar, diciendo que su familia podía cuidarla tan bien como cualquier otra persona. Y lo hicieron así, hasta su último aliento. No creo que hubiera presente ninguna enfermera o médico cuando murió.

Ir más allá de la medicina no siempre significa dirigirse hacia la muerte. De hecho, mi experiencia me indica que sucede precisamente lo contrario, como en el caso de Hardy, un tío mío cuyos últimos años me recuerdan una vieja verdad: «sólo cuando el hombre abandona y deja caer los brazos puede intervenir Dios y ocuparse de la lucha».

Hardy, el hermano mayor de mi padre, sufría del corazón y de diabetes desde hacía muchos años. En septiembre de 1984 fue sometido a una operación de bypass; el corazón le falló en noviembre de ese mismo año. Hospitalizado, pidió que le dieran el alta y que le cuidaran en su hogar. A principios de diciembre, su tensión arterial era peligrosamente baja. Había momentos en que se mostraba inquieto y angustiado y otros en que se sentía muy pacífico. En momentos como estos, en su habitación se sentía la cercanía de la eternidad. En una ocasión, dijo, simplemente: «¿Sabes? Me estoy muriendo».

Hardy necesitaba tomar medicamentos por vía intravenosa para mantener su presión sanguínea, y oxígeno para aliviar las dificultades respiratorias y el dolor en el pecho. Un día, sin embargo, sorprendió a todos al tratar de quitarse el suero. Según dijo, estaba preparado para morir tanto como lo estaba para vivir. Estaba preparado para lo que Dios decidiera para él. Llamamos al médico y discutimos la situación durante largo rato. Luego, vacilantes, aceptamos que se le desconectara el suero. Estábamos convencidos de que, sin medicación, Hardy no viviría por mucho más tiempo y él lo sabía. Sería como dar un paso de fe, pero estábamos dispuestos para todo y, lo más importante, Hardy lo estaba.

Cuando el enfermero le desconectó, Hardy le indicó que se inclinara hacia él y le dio un beso. Milagrosamente, sobrevivió durante los días siguientes y parecía adquirir una nueva fortaleza a cada día que pasaba. Su mejoría se mantuvo durante las semanas y meses siguientes, hasta que reanudó sus antiguas actividades y emprendió algunos viajes largos, incluido uno a Europa. El corazón terminó por fallarle definitivamente tres años más tarde y murió.

Todo fue tal y como había escrito su madre, mi abuela Emmy Arnold: «A veces, antes de que se produzca la muerte, se experimenta un estallido súbito de la vida. Es como un otoño esplendoroso antes de un largo y frío invierno. Y después llega la primavera: la resurrección».

11

En manos de Dios

Ray fue, según todas las apariencias, un bebé sano, pero pocas semanas después de nacer se le diagnosticó una ictericia y poco después una enfermedad rara: no tenía conductos biliares que le conectaran el hígado y los intestinos. Aunque ese mismo problema se puede corregir, a veces, en la actualidad, por aquella época (1967), era prácticamente incurable y lo único que los médicos de Yale pudieron decir a sus desolados padres fue que, probablemente, el niño no viviría más de un año. Así que se lo llevaron a casa.

Ray se desarrolló con normalidad hasta que tuvo seis meses, a pesar de que siempre estaba un poco amarillo. Entonces empezó la cuesta abajo. Primero dejó de aumentar de peso y luego empezó a perderlo. Se le hinchó el vientre y tenía la cara muy pálida. Según dijo más tarde su padre, parecía un niño que se estuviese muriendo de hambre, todo huesos y piel y unos ojos grandes y muy abiertos. Pero sus hermanos no se fijaron en eso, y tampoco aceptaron el hecho de que estuviera gravemente enfermo; simplemente, lo querían y lo cuidaban y confiaban en que siguiera creciendo.

Ray murió cuando tenía catorce meses, más o menos como habían pronosticado los médicos. Al final, su piel adquirió la tonalidad de una naranja oscura y sólo pesaba cuatro kilos.

Incluso en la actualidad, en el país científicamente más avanzado del mundo, en un mundo en el que se practican trasplantes cardíacos y de córnea, en el que se dispone de respiradores que prolongan la vida y de potentes medicamentos, no hay ninguna garantía de que la medicina pueda derrotar a la muerte. Ese es, quizás, el único hecho de la existencia humana que ha permanecido inmutable desde el principio de los tiempos: nuestras vidas están en manos de Dios.

Todos nosotros lo percibimos así, aunque sea subconscientemente; un agnóstico o un ateo exclamará: «¡Oh, Dios mío!», con la misma frecuencia que un creyente, cuando se sienta arrebatado por un temor repentino o se doble sobre sí mismo a causa de un terrible dolor. En los días buenos, sin embargo, Dios no tarda en pasar a un segundo plano. Nos sentimos bien, tenemos planes de los que ocuparnos, la vida está bajo nuestro control. Hasta que descubrimos lo contrario, como les sucedió a los padres de Ray.

¿Qué significa vivir con una conciencia de nuestra dependencia de Dios? Para Adela, una mujer joven a la que conocí, afectada por la enfermedad de Hodgkin, significaba aceptar la intervención de Dios en su vida aun cuando eso significara tener que renunciar a sus sueños y negarse a permitir que el cáncer le impidiera esperar el futuro con ilusión. Adela fue diagnosticada en lo mejor de su vida, a los veinticinco años, un período en el que, además, estaba enamorada. Para otra pareja, la enfermedad habría podido alterar el cuadro, pero no fue así para ella y Sergei, su novio. En realidad, lejos de suponer un choque insuperable en su relación, aquello no hizo sino confirmar lo que ya sentían: que al margen de la salud de Adela, su vida estaba en manos de Dios y no había razón alguna para renunciar a sus planes de comprometerse y casarse.

Yo mismo casé a Sergei y Adela en agosto de 1985 y nunca olvidaré la convicción con la que contestaron a una pregunta que les hice: «¿Permaneceréis junto a vuestro cónyuge, en la alegría y en la pena, en la salud y en la enfermedad, hasta que la muerte os separe?». Aquella pregunta nunca pareció tan importante y real.

Humanamente, el recién celebrado matrimonio no parecía tener sentido: se inició teniendo como telón de fondo una penosa serie de tratamientos de quimioterapia, el primero de los cuales dejó a Adela en una situación crítica. Durante los tres años siguientes, tuvo que someterse casi continuamente a sesiones de quimioterapia, salpicadas de múltiples complicaciones y hospitalizaciones frecuentes. Sergei permaneció fielmente a su lado durante todo el proceso.

Más tarde, los especialistas recomendaron un protocolo más intensivo, parte del cual implicaba efectuar un trasplante de médula ósea al que Adela también se sometió. Pero los beneficios que eso aportó fueron de corta duración. Finalmente, ella decidió renunciar a todo tratamiento ulterior.

Persona extrovertida desde la infancia, Adela no perdió en ningún momento su sentido del humor. Cuando la quimioterapia le hizo perder el cabello, se pintaba y se vestía de payaso y recorría las salas del hospital, tratando de animar a los demás pacientes. Cuando se le comunicó la imposibilidad de tener hijos, se resistió a la autocompasión y le sugirió a Sergei que trataran de adoptar uno. Como sucede con tanta frecuencia, sus intentos no tardaron en ser desestimados, pero eso no les arredró. Sergei

incluso llevó a casa una cuna y Adela preparó una canastilla. Todo aquello, sin embargo, no condujo a nada.
Adela falleció en enero de 1989, tres años después de
casarse. Poco antes, le escribió a su esposo:

> Cuando muera, recuerda, por favor, que no soy ninguna
> heroína, que no siempre pude aceptar la voluntad de Dios,
> que fui una pecadora, fallé en el servicio y el amor a los
> demás, conocí momentos de desesperación, depresión,
> temor y duda y otras tentaciones del diablo. Recuerda
> también que me gustaba mucho más reír que llorar, que
> una puede morir de cáncer, pero también se puede vivir
> con él y burlarse de él. Por favor, no conserves cosas sólo
> porque yo las hice o las escribí. Sólo son cosas terrena-
> les y nada especial. Recuerda más bien que la voluntad
> de Dios no conoce ningún «¿Por qué?», que su forma es
> siempre la mejor, que nos ama incluso cuando nosotros
> no lo amamos y que en la iglesia nunca se está a solas,
> que la esperanza es más grande que la desesperación, la
> fe más grande que el temor, y que el poder y el reino de
> Dios serán algún día victoriosos sobre todo lo demás . . .

También escribió un poema que Sergei me ha permitido
reproducir:

> Querido Sergei,
> quizá te sea duro leer esto,
> como a mí me es duro escribirlo,
> pero tenía que hacerlo

---

aun cuando transcurran muchos años
antes de que lo necesites.
Es posible que te sobreviva,
aunque no imagino cómo vivir sin ti.
Sólo Dios sabe cuándo llegará nuestra hora,
pero si llegara la mía
y la decisión divina estuviera cerca
y me dijera que es el final
y me preguntara si estoy preparada
para encontrarme con mi Creador
y sostener mi mano,
reza por el perdón de mis pecados,
reza por la paz de mi alma
y yo rezaré por el consuelo de la tuya
y lucharé por ti y te amaré
por toda la eternidad.

La expresión «vivir peligrosamente» evoca, como un
estereotipo, juicios rápidos y riesgos asumidos caprichosamente. Pero, como demuestra el matrimonio de Sergei
y Adela, eso no lo es todo. Hay algo anodino en pasar
por la vida con excesivas precauciones, como cuando se
prueba la temperatura del agua antes de meterse en ella.
Pero no hay nada más tonificante que vivir la vida plenamente. Ello exige estar a la altura de los desafíos que se
encuentren en el camino, en lugar de evitarlos; tratar de
sacar la cabeza por encima de los demás, en lugar de ocultarla. Eso significa atreverse a dar pasos en falso y saltos

de fe. Y la recompensa, como hemos visto, es la serenidad ante la muerte.

Creer que uno está en manos de Dios y derivar consuelo de esa convicción es un don y no sólo para el moribundo, sino también para todos aquellos que lamentarán su pérdida una vez que se haya marchado para siempre. Pero, ¿qué decir de aquellos a los que sobreviene la muerte sin haber alcanzado esa tranquilidad? ¿Y de aquellos que dejan atrás, cuyo dolor se complica con la preocupación de que el fallecido no estuviera preparado para marcharse? No es nada insólito encontrar temor por parte de aquellos que siguen adelante, especialmente en casos de divorcio o separación, de distanciamiento entre padres e hijos, de amistades agriadas. ¿Adónde se marchó mi ex marido (o madre, padre, hijo o hija)? ¿Está con Dios?

A menudo, ese temor no se limita a las preocupaciones por saber adónde se ha ido el fallecido. Los creyentes también se preguntan cómo le irán las cosas en el juicio final, mientras que los no creyentes quizá teman a lo desconocido. Como asesor y pastor sé que son muchas más de lo que cabría imaginar las personas que se plantean estas preguntas. Naturalmente, ninguno de nosotros puede hablar en nombre de los muertos y, aunque pudiéramos, eso no cambiaría un ápice las cosas. Según se dice, Dios actúa de forma misteriosa y ninguna de ellas es incomprensible como los secretos de la muerte. Y, no obstante, se encuentra una gran sensación de paz en aprender a dejar a las personas queridas en las manos de Dios, lo que significa confiar en que él no las abandonará.

Cuando se encontró el cuerpo de Lisa en un lago cercano a su casa, a primeras horas de una mañana de junio de 1978, muchos de sus vecinos no lo entendieron. Por imposible que les pudiera parecer, una vez conocidos los detalles de su muerte, quedó claro que se había quitado la vida.

A los cincuenta y cinco años, Lisa se había visto sometida a prueba en mucha mayor medida que cualquier otra persona que conozca: de sus nueve hijos, uno nació muerto y otro murió en la infancia. Un tercero se vio afectado por una rara enfermedad ósea. La propia Lisa sufrió numerosos problemas médicos y psiquiátricos, incluyendo eczema, esquizofrenia y enfermedad de Parkinson. Tenía dificultades para andar y, en ocasiones, las manos le temblaban tan violentamente que ni siquiera se podía vestir o alimentar sola. Además de todo eso, su marido la había abandonado.

Miembro activo de una congregación dedicada a tejer prendas de abrigo para los pobres, Lisa no dejaba de tener amigos. Además de eso, contaba con un buen médico, una enfermera que la visitaba diariamente en su casa y vecinos que se ocupaban de ella. Sus hijos adultos también hacían todo lo que podían por apoyarla. Pero nada de todo eso había sido suficiente y ahora había desaparecido para siempre, dejando a todos los que la conocieron sumidos en las dudas sobre sí mismos, la culpabilidad y el dolor por su pérdida.

Años antes, Lisa y yo habíamos vivido en la misma localidad, donde ella trabajaba como enfermera en el hospital donde se formaba mi esposa, que también es enfermera. Ahora vivíamos a cientos de kilómetros de distancia. Habíamos mantenido el contacto con Lisa a lo largo de los años y sabíamos que tenía tendencia a la depresión. Pero en ningún momento habríamos esperado algo así . . .

El funeral de Lisa fue doloroso, como el de cualquier suicida. A pesar de todo, mi madre, amiga desde hacía mucho tiempo de su familia, les animó a no desesperar, mientras se esforzaban por hallarle sentido a lo ocurrido. Al contrastar el amor imperfecto de los seres humanos, que tiene un principio y un final, con el amor perfecto de Dios, que es eterno, dijo:

> Perder a la propia madre significa sufrir una herida en el corazón. Pero el amor de Dios es más grande aún. Y, a la

luz de esta muerte, es especialmente importante que confiemos en Dios pues, cuando lo hacemos, él responderá a cada una de nuestras necesidades. En el libro de Isaías, nos promete: «Como madre que consuela a su hijo, así yo los consolaré a ustedes».

Quizá no podamos comprender todo aquello que hace una persona, ya que únicamente podemos ver su aspecto externo, pero Dios, que ve las profundidades de todos los corazones, sí puede. Es posible que una persona haga a veces algo estúpido a pesar de lo que le dicte la sensatez; por mucho que lo intente, no puede hacer lo que desea, ni encontrar las palabras adecuadas para expresar lo que piensa. Hasta es posible que haga algo intencionadamente, pero no sea capaz de explicar cuál es su intención. Lo único que siente es una desasosegada urgencia y, cuanto más intenta ahuyentarla, cuanto más la reprime, más profundo se hace el silencio. Esa clase de estado mental puede dar lugar a un gran tormento y sufrimiento. Pero Dios sigue viéndolo y oyéndolo todo . . .

Dios lo ve como un acto de amor. Abraza a sus criaturas, las afirma y las anima. No odia nada de lo que ha creado. Dios mira con ojos de amor y no hay nada más luminoso que sus ojos, ni nada que nos produzca más consuelo . . . Ser visto por Dios no significa hallarse a merced de una mirada implacable, sino sentir que uno se despliega en el corazón más profundo, amoroso y comprensivo.

Siempre he creído en esas palabras . . . y no sólo en relación con Lisa. Cinco años antes, Joel, un tío alejado de nosotros, murió en una colisión aérea sobre Francia. Pastores de la misma iglesia, Joel y mi padre habían trabajado juntos durante décadas. Con el transcurso del tiempo, sin embargo, su relación se vio cada vez más sometida a tensiones hasta que se interrumpió cuando se supo que Joel, casado con la hermana de mi padre, se acostaba con otra mujer. Enojado por haber sido descubierto, Joel abandonó a su familia y a la iglesia. Luego y durante mucho tiempo, mi padre le escribió rogándole que se diera cuenta del mucho daño que había hecho y suplicándole una reconciliación. Pero Joel no hizo sino mostrarse más amargado.

A principios de 1973 mi padre recibió la que resultó ser la última carta de Joel, un mensaje lleno de un odio rezumante de sarcasmo. Poco después recibimos la noticia de su muerte. Naturalmente, la esposa y los hijos de Joel quedaron profundamente conmocionados. ¿Dónde estaba ahora? ¿Y cómo podía encontrar su alma el descanso en la muerte después de la forma en que había vivido?

Mi padre se sintió igualmente desconsolado, pero advirtió a la familia de que no debía precipitarse a emitir un juicio. Al recordarles la historia del ladrón arrepentido en el Gólgota, les animó a recordar la promesa de Jesús:

«Te aseguro que hoy estarás conmigo en el paraíso» (Luke 23:43). Seguramente, esas palabras también se aplican a todo aquel que se arrepiente, dijo mi padre. ¿Y cómo podían saber ellos si Joel no había buscado acaso y encontrado el perdón aunque sólo fuera en los últimos segundos de su vida?

El temor que agobió a la familia de Joel es comprensible, sobre todo teniendo en cuenta las visiones del infierno sostenidas tradicionalmente por los cristianos. Y, sin embargo, no es ni sano ni constructivo. Dios juzga, eso es cierto, pero incluso en el Antiguo Testamento dice: «¿Acaso creen que me complace la muerte del malvado? ¿No quiero más bien que abandone su mala conducta y que viva?» (Ezequiel 18:23). Y en el Nuevo Testamento, leemos: «No quiere que nadie perezca sino que todos se arrepientan» (2 Pedro 3:9).

Estoy firmemente convencido de que, al margen de cuáles sean nuestros motivos para preocuparnos, siempre hay mayores motivos para la esperanza y para confiar en el amor que ahuyenta nuestros temores (como nos dice la primera Epístola de San Juan). Pues, como leemos en Romanos 8, «Ni la muerte ni la vida, ni los ángeles ni los demonios, ni lo presente ni lo por venir, ni los poderes, ni lo alto ni lo profundo, ni cosa alguna en toda la creación, podrá apartarnos del amor que Dios nos ha manifestado».

Sufrimiento

Cada vez que pienso en el sufrimiento, pienso en Miriam. Nacida con múltiples problemas físicos, incluida la incapacidad para tragar, tuvo que ser alimentada por vía intravenosa durante las primeras semanas de vida y por intubación hasta que tuvo un año de edad. Pero fue una enfermedad ósea, que hacía que sus huesos fuesen frágiles, lo que la afectó más gravemente. De pequeña, a veces se rompía un hueso simplemente por intentar retirar la pierna introducida entre los barrotes de la cuna. Más tarde, un golpe contra el marco de una puerta o una simple caída provocada por un tropezón, podían significar una serie de fracturas en los brazos, las piernas o ambos, seguidas con frecuencia de hospitalización y operación quirúrgica y acompañada siempre de mucho dolor, por no hablar de las seis semanas o más durante las que tenía que llevar escayola. A la edad de ocho años se había roto las piernas dieciséis veces. A los diez, Miriam sufría de insuficiencia cardíaca. Como si eso no fuera suficiente, la curvatura de la columna vertebral, que le reducía significativamente la capacidad pulmonar, la hacía jadear continuamente. Cuando alcanzó la adolescencia se veía obligada a permanecer en una silla de ruedas.

Entonces sufrió el mayor golpe de todos, cuando acababa de cumplir los catorce años: el suicidio de su madre. La propia Miriam murió a los veintiocho años de edad y, para entonces, ya se había sometido por lo menos a quince operaciones, había estado hospitalizada más de cuarenta veces y sufrido cientos de fracturas.

Durante toda su corta vida, la personalidad de Miriam se liberó de todas las cargas creadas por su estado médico. De hecho, siguió siendo como un gorrioncillo, pequeña, animosa y alegre. Y así se mantuvo hasta el final de su vida, a pesar de que luchaba por seguir respirando; era una persona indomable. Cuando médicamente ya no se pudo hacer nada más por ella, dijo, a través de la mascarilla de oxígeno: «Bueno, creo que estoy preparada. Sólo me quedan por escribir unas pocas notas más de agradecimiento».

¿Puede acaso una vida de sufrimiento como la de Miriam, o una enfermedad degenerativa de cualquier tipo y durante cualquier período de tiempo, representar la voluntad de Dios? Si afirmásemos lo contrario, nos encontraríamos ineludiblemente ante cierta tensión.

Después de todo, el Nuevo Testamento nos habla de personas, como un hombre cuya ceguera fue provocada «El Señor está cerca de los quebrantados de corazón, y salva a los de espíritu abatido» y se nos dice que fue voluntad de Dios que Jesús sufriera y muriese. Por otro lado, y puesto que en la Biblia abundan tanto los pasajes que hablan del poder de Dios para curar, salvar y dar la vida, parece incomprensible que la enfermedad y la muerte existan.

La escritora Elizabeth Elliott señala que aun cuando aceptamos estas cosas como parte de la vida, al menos a un cierto nivel, nos resulta mucho más difícil de aceptarlas cuando «afectan a un niño, a un adulto "inocente" o a alguien que aparece ante nosotros como una víctima, lo que ofende a nuestra noción de la justicia. Entonces, racionalizamos, empleamos la teología y tratamos de encontrar las respuestas». Desde mi punto de vista, eso es, con mucha frecuencia, un despilfarro de tiempo. Cierto que puede ser muy fructífero explorar el significado del sufrimiento, tratar de comprender las «grandes» preguntas y dejar que estas nos calen hasta lo más hondo. Al mismo tiempo, sigue diciendo Elliott, tenemos que pagar un precio «cada vez que satisfacemos nuestra necesidad de racionalizar cosas tales como el sufrimiento. Una vez que creemos haber desvelado un misterio, experimentamos la tendencia a cerrar los libros y no continuar el estudio. El problema irresuelto, en cambio, nos cautiva con el desafío que nos plantea su descubrimiento; archivado, pierde buena parte de su importancia y significado».

Barbara Kingsolver, al referirse a la destrucción de las Torres Gemelas de Nueva York, el 11 de septiembre de 2001, dice:

Hay muchas respuestas y ninguna. Resulta desesperadamente doloroso ver morir a la gente sin que haya hecho nada para merecerlo y, sin embargo, así es como casi siempre termina la vida. Envejecemos o no, enfermamos de cáncer, nos morimos de hambre, nos golpean por todas partes, subimos a un avión convencidos de que vamos a casa, pero nunca llegamos a ella. Hay bendiciones y maravillas, pero también una aterradora mala suerte y ninguna garantía. Nos gusta fingir que la vida es diferente a eso, que es más como un juego en el que podemos llegar a ganar si empleamos la estrategia correcta, pero no lo es.

Y, hablando de bendiciones, quizás una de las más grandes sea la habilidad para encontrar significado en lo que parece ser un sufrimiento sin sentido. Y digo «sin sentido» porque mientras que el dolor sirve para un propósito evidente (los dolores del parto, los provocados por un exceso de ejercicio o por el escalpelo del cirujano), nos mostramos contentos de aceptarlo. Pero cuando en el sufrimiento no podemos detectar una razón o un motivo, la mayoría de nosotros reaccionamos como lo haría un gato sobre una mesa de operaciones que, como señala C. S. Lewis, posiblemente no conoce la diferencia entre un veterinario y un vivisector y que, en consecuencia, probablemente tratará de morder y arañar tan enérgicamente al primero como al segundo.

Por ello es tanto más notable descubrir a alguien como Alexander Solzhenitsyn, que no sólo se sometió humildemente a sufrimientos que no podía comprender, sino que también permitió que estos le cambiaran. Famoso superviviente de los peores campos de concentración de Siberia, Solzhenitsyn se esforzó durante años por encontrarle sentido a su prisión. Razonó que si el estado de confinamiento era un hecho e indicaba que él era malo, sería bastante fácil aceptarlo. Pero, ¿qué ocurría entonces con todos aquellos que recibieron castigos incluso más crueles que la prisión, aquellos que fueron fusilados o quemados en la hoguera? ¿Se trataba acaso de personas mucho peores? Y, no obstante, observó, siempre es al inocente al que parece que se le castiga más cruelmente. ¿Qué dice eso respecto de aquellos otros que lo torturan? ¿Por qué prosperan, en lugar del bueno?

No obstante, al angustiarse durante mucho tiempo a causa de estas preguntas, Solzhenitsyn dejó de enredarse aún más (según sus propias palabras) en el laberinto del sufrimiento y empezó a aceptar el hecho de que, tanto si lo comprendía como si no, seguiría existiendo. Y con esa aceptación surgió una nueva percepción:

A partir de entonces tuve la sensación de que la solución al sufrimiento es la siguiente: que el significado de la existencia terrenal no se encuentra, como nos hemos acostumbrado a pensar, en prosperar, sino en desarrollar el alma. Desde ese punto de vista, nuestros torturadores han sido castigados del modo más horrible de todos: se convierten en animales, se alejan de la humanidad para seguir un camino descendente. Desde ese punto de vista, el castigo se inflinge sobre aquellos cuyo desarrollo . . . sostiene la esperanza.

Al mirar hacia atrás, me doy cuenta de que durante toda mi vida consciente no me comprendí ni a mí mismo pese a mis esfuerzos. Lo que durante tanto tiempo había parecido beneficioso, terminaba por convertirse en algo fatal y resultaba que había estado luchando por seguir la dirección contraria a la que hubiera sido verdaderamente necesaria para mí. Pero, del mismo modo que las olas del mar hacen perder el equilibrio al nadador inexperto y lo arrojan de nuevo hacia la orilla, también yo fui dolorosamente arrojado de regreso a tierra por los golpes de la desgracia. Y fue únicamente gracias a ello que pude seguir el camino que en realidad siempre había deseado recorrer.

Se me concedió alejarme de mis años de prisión, llevando sobre la espalda encorvada, casi rota por el peso, esta experiencia esencial: cómo el ser humano se convierte en malo y cómo se convierte en bueno. Arrastrado por el entusiasmo de los éxitos juveniles, me había sentido infalible y, en consecuencia, fui cruel. En los excesos del poder, fui un asesino y un opresor. En mis peores momentos estaba convencido de que hacía el bien y disponía de una buena cantidad de argumentos sistemáticos. Sólo cuando me encontré allí tumbado, sobre la podrida paja de la prisión, percibí los primeros movimientos del bien dentro de mí mismo.

¿Qué significa el sufrimiento para alguien al que no se le ha concedido tal reconocimiento, o que no lo puede aceptar, aunque se dé cuenta de ello? Chuck, un pastor compañero mío, dice que, para su familia y su círculo de amigos, el método de elección consistía en rechinar los dientes y fingir que no importaba:

Me crié en un típico hogar de clase media, donde se evitaba asiduamente el tema de la muerte, la enfermedad, el dolor, el ataque cardíaco o cualquier otra fuente de ansiedades. No es que existiera un tabú consciente, pero lo cierto es que de las experiencias vitales «negativas» se hablaba muy raras veces fuera de la familia, si es que se hablaba alguna vez de ellas. Simplemente, a nivel de conversación, nunca «llegábamos allí».

Como adulto que trabaja he encontrado el mismo silencio, los mismos muros cuidadosamente construidos alrededor de la vida personal de cada uno. Cuando la esposa de un ingeniero de la empresa donde trabajaba, un hombre amable al que considero como mi protector, enfermó de cáncer, rechazó toda expresión de simpatía. Daba la impresión de que estuviese obedeciendo un código no expresado en el que la vulnerabilidad se veía como inestabilidad y el dolor como debilidad. Evidentemente, no se podía permitir que lo asociaran con ninguna de las dos. Tenía que seguir siendo fuerte.

Sé que Ed quería mucho a su esposa, pero incluso ahora me siguen extrañando todos los esfuerzos que hizo por desvincularse del sufrimiento de ella, al menos en el trabajo. Un día me dijo con bastante naturalidad que el tumor de su esposa había explotado; pocos días más tarde, entró en la oficina y anunció que su esposa había fallecido esa misma mañana. No podía creer que hubiese acudido a trabajar, aunque es posible que no tuviera en casa a nadie con quien hablar. Por otro lado, la forma como abordó la pérdida de su esposa no concordaba con la forma en que solía ocuparse de las cosas cotidianas de nuestro mundo laboral. Nunca percibí en él falta de camaradería, de modo que aquella actitud suya no era más que una fachada. Cuando se está desconectado, se mantiene como una tapa sobre las cosas que ocurren, sin que importe lo mucho que le duelan a uno.

Para muchas personas, la convicción de que el dolor se puede superar apretando los labios y capeando el temporal, aparece unido al temor de que eso sea lo único que se puede hacer para no bajar la guardia y quedar expuesto a sus verdaderos sentimientos. Se niegan a hacerlo así porque tienen la sensación de que la máscara de invencibilidad les proporciona al menos una cierta protección. Pero, lejos de protegerse contra el dolor, esa máscara no hace sino causarles daño: al ocultar su dolor ante los demás, se ven obligados a soportarlo en silencio y a solas.

Otros intentan abordar el sufrimiento deseando que desaparezca, o fingiendo que no existe. Pero, tal como señala Fran, que perdió a un hijo a causa del cáncer, eso es a largo plazo extenuante (si no imposible):

El sufrimiento no se puede apartar para siempre y, cuando llega, no hay forma de evitar el dolor. Quizás ese conocimiento sólo se obtenga con la edad y la experiencia. Pero si alguna vez tuviera que volverlo a pasar en mi vida, espero haberlo comprendido. La vida es *dura* y hay algunas cosas que duelen, sin que importe lo mucho que una trate de suavizarlas o de hacerlas más agradables. Será mejor afrontar el dolor de cabeza cuando se presente, porque no desaparecerá.

Para el esposo de Fran, que se arrastró durante los primeros meses de la enfermedad de su hijo, tratando de mantener la compostura, salir al encuentro del sufrimiento de frente supone la mayor sinceridad personal y la voluntad de sacar a la luz nuestros más profundos temores:

Mantuve reprimidas mis preocupaciones acerca de la situación de nuestro hijo, porque me preocupaba que mi esposa no estuviera manejando bien las cosas. El hecho de que no le permitiera compartir plenamente sus preocupaciones conmigo creó mucha tensión entre nosotros. Ella necesitaba a alguien en quien confiar, alguien que pudiera identificarse con sus temores. Me necesitaba a mí.

Entonces se produjo un cambio importante cuando, finalmente, dejé de interponer un muro entre nosotros. Me permití a mí mismo ser vulnerable. Me di cuenta de que arrastrarme bajo una concha podría llegar a destrozar nuestro matrimonio. Ambos conocíamos a matrimonios en los que el dolor y la lucha que deberían haber unido más al esposo y a la esposa, no hicieron sino lo contrario. Las parejas se sintieron cada vez más separadas al guardar los sentimientos en su interior, al distanciarse del otro y al especular sobre lo que pensaba o sentía el otro.

Una gran parte del desafío consistió, simplemente, en afrontar nuestras propias emociones: lo mismo que podía hacernos reír un día, nos afectaría al día siguiente hasta desmoronarnos. Pero admitir que uno es únicamente una persona sencilla, corriente y débil y que no se está logrando superar una situación y que eso está bien . . . supone un tremendo alivio. Si se puede hacer así, ya no se siente la necesidad de negar o reprimir las emociones, ni de preocuparse por si son anormales o están equivocadas. Si necesitas llorar, llora. Una vez que fuimos capaces de hacerlo así y de ver reflejadas nuestras propias tensiones en el otro, pudimos compartir abiertamente el uno con el otro. Nos apoyamos mutuamente y lloramos todo lo que necesitábamos llorar. Y finalmente, pudimos decir: «Bueno, ya está bien por ahora. Sigamos adelante».

En nuestra cultura caracterizada por la aplicación de terapias no se necesita dar un gran salto de fe para creer que «compartir el propio dolor» es la mejor forma de afrontarlo. Pero, dado el número de personas que conozco que no sólo han afrontado enormes sufrimientos en sus vidas, sino que también han salido de ellos más fuertes que antes, he llegado al convencimiento de que quizá debiéramos dejar de afrontar el dolor como algo puramente negativo. Si lo permitimos, el dolor puede ser una ocasión para la redención, una especie de crisol que puede refinarnos y renovarnos. En su novela *Crimen y castigo*, Dostoievski, a quien no le eran nada desconocidos los momentos duros, llega incluso más lejos y hace esta audaz afirmación: «No creerás ahora en mis palabras, pero ya lo descubrirás por ti mismo . . . El sufrimiento es algo grande». Porque sólo alguien que ha sufrido tiene el derecho de hablar de ese modo, una afirmación así se aplica mejor a nosotros mismos cuando no son los demás quienes la expresan. En cualquier caso, es raro que a alguien se le dé la fortaleza para soportar sus cargas con nobleza. La mayoría acaban por doblegarse ante ellas, si no a amargarse. A pesar de todo, hay algo de verdad en las palabras de Dostoievski, como demuestra la siguiente historia:

Deb creció en un hogar cómodo, estudió en escuelas privadas, viajó por Europa y pasaba las vacaciones en la exclusiva zona residencial de «Martha's Vineyard». Después de terminar sus estudios en la escuela superior, ingresó en la «Smith», una universidad exclusiva para mujeres en la cercana Boston. Pero si su infancia fue sinónimo de privilegio, su vida adulta no lo fue.

A los cuarenta y tres años, Deb, que ya era una mujer casada con seis hijos, empezó a experimentar entumecimiento en las manos y los pies. No se pudo encontrar ninguna explicación médica. Como no era una persona que se quejara, soportó serenamente el molesto problema a medida que este empeoraba lentamente. Pronto empezó a sentirse débil e insegura. «Mamá ni siquiera puede ayudarme a cerrar la cremallera de la chaqueta», le dijo su hijo Tommy a un compañero de clase. Para levantar un envase de cartón de leche de la mesa tenía que hacer un

Sufrimiento

gran esfuerzo, sosteniéndolo con las dos manos. A pesar de todo, insistió con valentía en seguir realizando sus tareas como madre y ama de casa.

A principios de 1969 se descubrió un bulto en la nuca de Deb y fue hospitalizada. Una operación de emergencia le extirpó el tumor, pero la operación la dejó totalmente paralizada por debajo del cuello. Casi completamente impotente, únicamente podía comunicarse con los ojos.

Pero mientras que los demás veían un cuerpo arruinado como resultado principal de sus sufrimientos, Deb se concentró en el hecho de que había salvado la vida. Empeñada en aprender de nuevo a ser plenamente funcional, acudía varias veces a la semana a un fisioterapeuta y en casa se esforzaba diariamente para reentrenar a sus músculos a hacer lo que ella quería que hiciesen. Parte de ello se lo debió a su personalidad, ya que siempre fue una luchadora, pero también tuvo otro incentivo para recuperar fortaleza y movilidad: esperaba un hijo.

Seis meses después de la operación, Deb dio a luz un niño. Milagrosamente, Mark nació fuerte y sano, a pesar de todo por lo que había tenido que pasar su madre durante los meses anteriores. Deb, por su parte, se sentía demasiado débil para cuidarlo e incluso para sostenerlo durante un rato. Pero hizo lo poco que pudo: apoyando los brazos sobre almohadas, lo alimentó acercándole el biberón desde un lado.

Cuando Mark cumplió seis semanas de edad, Deb entró en un programa de rehabilitación destinado a reaprender las actividades y habilidades cotidianas que había realizado durante toda su vida, pero que ahora ya no podía hacer: caminar, escribir, atarse los cordones de los zapatos, abrocharse la blusa, peinarse, quitarle la cáscara a un huevo duro, etc. A pesar de los tremendos esfuerzos que hizo, su recuperación sólo fue parcial: caminar demostró ser muy difícil para ella, las manos le temblaban tanto que únicamente podía garabatear sobre un papel y siguió siendo extremadamente frágil. Durante los años siguientes, Deb luchó valerosamente por recuperar la normalidad, dando un doloroso paso tras otro. Luego, casi imperceptiblemente, empezó a perder terreno. Se le aconsejó someterse a una nueva operación quirúrgica que, al final, fueron dos, pero ninguna de ellas la ayudó a largo plazo. Durante los cinco últimos años de su vida se vio confinada a una silla de ruedas reclinada, con un cuerpo tan débil que no podía sostener ni el peso de su propia cabeza y brazos.

A pesar de todo, se negó a darse por vencida, incluso en aquellas condiciones. Debilitada físicamente, se mantuvo mental y espiritualmente alerta. Al negarse a representar el papel de una inválida impotente, insistió en contribuir de alguna forma a cambio de todos los cuidados que recibía, y cada día, hasta una semana antes de su muerte, en 1982, dedicó varias horas a la lectura de pruebas de manuscritos para una editorial local.

Al proceder de una familia numerosa y de una comunidad muy estrechamente relacionada, Deb disfrutó de una seguridad y un consuelo que muchos otros no tienen, especialmente en la actualidad, cuando la soledad, el descuido y la pobreza hacen sentir a una innumerable cantidad de ancianos y discapacitados que son una carga para los demás, hasta el punto de que la en otro tiempo inconcebible idea del «derecho a morir» se ha convertido en un sueño atractivo, aunque mórbido, para miles de ellos.

Pero, aparte de todo lo que se hizo por Deb, destacó su propia actitud ante la situación: su resistencia ante la enfermedad, su conciencia de los demás que no contaban con los cuidados que ella misma recibía y, en último término, pero no por ello menos importante, su humilde aceptación de su propia dependencia de los demás, algo que no dejó de producirse sin lucha interna.

La visión de la propia Deb sobre su sufrimiento quedó sintetizada en la respuesta que dio a una visitante bienintencionada, ya hacia el final de su vida: «Si se lo pides a Jesús, él puede volver a ponerte buena», le dijo, a lo que Deb contestó: «Lo sé, pero él me ha dado algo mucho más maravilloso: mi familia y el amor de mis hermanos y hermanas». Durante el funeral, su neurocirujano dijo que de entre sus cientos de pacientes, se sentía muy privilegiado por haber podido atender a Deb. Siempre tuvo la sensación de haber estado cuidando de Cristo, porque Cristo vivía en ella de una forma muy visible.

13

Fe

Ed era un hombre muy especial, con notable acento sureño, un gran corazón y un apartamento lleno de canarios. Antiguo ejecutivo de una gran empresa de camiones de Georgia, empezó a acudir a mi iglesia cuando ya estaba bien entrado en la cincuentena. Sencillo y espontáneo, tenía la fe de un niño. También era chistoso y amante de la diversión y, a menudo, cantaba rimas y estrofas populares.

Ed siempre decía exactamente lo que pensaba y cuando lo pensaba, y pasar un tiempo con él suponía escuchar un comentario permanente sobre la vida, a veces humorístico, otras serio, en ocasiones apropiado y en otras no. Nunca llegó a casarse y raras veces mencionaba a su familia, a pesar de lo cual amaba a la gente y su apartamento siempre estaba lleno de adolescentes que animaban el ambiente y escuchaban populares canciones country, sus favoritas.

Ed sufrió durante años una enfermedad cardíaca degenerativa y, a medida que envejeció, se fue haciendo cada vez más consciente de que se podía «marchar» (como él decía). En cierta ocasión le dijo a una enfermera, que había ido a visitarle, que esperaba con anhelo encontrarse con Dios: «Será algo que imponga mucho respeto y temor, pero Dios y yo nos conocemos. Él conoce mi pecaminoso pasado y también sabe lo mucho que lo lamento». Distaba mucho, sin embargo, de ser un hombre piadoso. Greg, uno de los adolescentes que solían acudir al apartamento de Ed, dice que incluso deseaba que su funeral fuese divertido y le dijo que cuando llevaran su ataúd al cementerio, debían tropezar, por si acaso, con unos cuantos árboles en el camino.

Un día, Ed me pidió que acudiera a verle a su apartamento. Al llegar, me dijo que había varias cosas que pesaban sobre él y que deseaba descargar su conciencia. No tenía nada pesado que revelar, pero después de escucharlo y ofrecerle el perdón de Dios, me abrazó y me dijo que aquél era uno de los momentos más maravillosos de su vida: «Ahora puedo salir al encuentro de la eternidad con alegría».

Ed falleció pacíficamente unos días más tarde. Se le encontró la siguiente nota en su bolsillo: «Hacia las 7.30

de la tarde estaba sentado aquí, a punto de cenar y sentí una pena tremenda por haber ofendido a Dios y haber pecado contra él. Fue una sensación de una intensidad mucho mayor de lo que hubiera experimentado jamás. Es posible que me esté acercando a la eternidad y sólo quería que la gente lo supiera. Ed».

Durante el funeral en memoria de Ed, varias personas se levantaron para hablar sobre el impacto que había ejercido en sus vidas. Las voces surgieron de todos los rincones, desde adolescentes hasta ancianos. Pero el testimonio que ofrecieron siempre fue el mismo: gracias a la sinceridad de Ed y a su falta de palabras religiosas, su fe les había conmovido como pocas otras y fue el instrumento que les ayudó a descubrir la base de su propia fe. Merrill no podría haber sido más diferente a Ed en términos de historial y personalidad. Pero era como Ed en cuanto al consuelo que encontró en su fe.

Merrill, un pastor compañero mío, que trabajó conmigo durante décadas, transmitió a sus feligreses un amplio conocimiento del Antiguo y del Nuevo Testamento; además, dirigía dos coros, asesoraba a las parejas y a los alumnos de la escuela superior, enseñaba en la escuela dominical y servía a la Iglesia de muchas otras formas.

Un día de 1986, Merrill, que entonces tenía cincuenta y siete años, empezó a notar fuertes náuseas y a vomitar.

Pocos días más tarde se le diagnosticaba un cáncer de páncreas. Las consultas con varios especialistas confirmaron sus peores temores: ni la cirugía, ni la radiación ni la quimioterapia le serían de ayuda alguna. Notablemente, eso no le deprimió en lo más mínimo, sino que, en todo caso, lo envalentonó. Incluso les aseguró a su esposa e hijos que su enfermedad y su segura muerte los uniría aún más, en lugar de separarlos y derrotarlos. Desde un punto de vista médico, Merrill se encontró impotente ante su enfermedad. Pero tenía fe y se mostró inquebrantable. Por aquella época, escribió:

Mi futuro es incierto. La alegría estriba en saber que está completamente en manos de Dios. Lo único que tengo que hacer es agradecérselo. Si no me queda mucho más tiempo de vida, entonces esa es la voluntad de Dios y debería significar algo. Mi tarea consiste en descubrir lo que significa; no tengo quejas, sólo agradecimiento. Si a Dios le complace darme la oportunidad de empezar de nuevo, eso sería maravilloso. Si no le complace y tiene dispuestas otras tareas para mí, lo acepto. La fe no depende de que me salga con la mía, sino de que Dios se salga con la suya. Esa tiene que ser mi mayor alegría y delicia. Si no fuera así, ¿cómo puedo rezar y decir «Hágase tu voluntad»?

Aproximadamente un año antes de que Merrill muriese, unos amigos le enviaron información sobre una terapia homeopática que se practicaba en México. Merrill les dio las gracias y les dijo que «no tenía dudas sobre la eficacia del método . . . Pero he decidido de todos modos no seguir esa terapia». Pasó después a explicarles que, para él, la alegría de saber que dependía de Dios superaba con creces los posibles beneficios de prolongar su vida: «Es posible que mi decisión os parezca una locura, pero me atengo inalterablemente a ella. Me pongo alegremente a merced de Dios y le rezo para que se haga su voluntad en mi cuerpo . . .»

Por admirable que parezca, esa clase de convicción no se le concede a todo el mundo. De hecho, hay muchas personas para quienes emplear la idea de la fe como arma contra la enfermedad es un concepto incomprensible, e incluso estúpido. Como Merrill habría sido el primero en señalar, una visión así no altera en nada el poder de Dios, ni se lo quita. Pero plantea un desafío. ¿Qué se puede hacer cuando una persona moribunda no cree en la redención o en la vida después de la muerte y no ve razón alguna para prepararse a salir al encuentro de Dios? ¿Qué decir de alguien que, como el padre agnóstico de un amigo, de ochenta años de edad, dice que no se le ocurre nada que pueda ser más aburrido que la vida eterna y murmura acerca de la inutilidad de «esa palabra que empieza por F», como llama a la fe?

Según yo lo veo, sirve de bien poco discutir de tales temas. Las cuestiones «religiosas» suelen dividir a las personas con la misma frecuencia con que las unen y, en cualquier caso, tengo la sensación de que, para un enfermo terminal, es mucho más importante rodearlo de compasión que intentar convencerlo del propio punto de vista. Aparte de eso, nada nos impide interceder por otra persona, ya sea por alguien que ha perdido la fe o por alguien que nunca la tuvo. Bruce Epperly dice:

> Cuando se desmorona nuestro sentido habitual de la independencia y de la omnipotencia, tenemos que permitir que sean otros los que soporten nuestras cargas y se hagan cargo de nuestras responsabilidades. En ocasiones, tenemos que depender incluso de la generosidad y el compromiso de los demás para mantener nuestra fe en Dios . . . En la narración evangélica del hombre paralizado, no oímos decir nada sobre su fe. Ni siquiera sabemos cuál es la naturaleza exacta de su enfermedad, aparte del hecho de que tuvo que depender de los esfuerzos de otros para ver a Jesús. Pero sí oímos hablar de la gran fe de sus amigos como el catalizador de su curación.

Mi padre solía decir que si a una persona querida le falta esperanza y fe, hay que tener esperanza y fe por ella. Todos pasamos por períodos de sequía espiritual en algún momento de nuestra vida, incluso las personas más «religiosas». Es posible que hoy se sientan fuertes en sus convicciones, pero eso no quiere decir que mañana no vayan a verse tentadas y puestas a prueba.

La madre Teresa de Calcuta, a la que el Vaticano está considerando actualmente santificar, apareció no hace mucho en los titulares de prensa cuando se reveló que no sólo tuvo que hacer grandes esfuerzos para mantener su fe, sino que a veces se sintió completamente privada de ella. En una carta recientemente publicada, escribió: «Me dicen que Dios vive en mí y, sin embargo, la realidad de la oscuridad, la frialdad y el vacío es tan grande, que nada conmueve a mi alma». En otra carta, confesó: «No te puedes imaginar lo oscura que está mi alma, lo dolorosa, lo terrible que se siente. Tengo la sensación de rechazar a Dios . . . Intento elevar mis pensamientos al cielo, pero hay tal vacío condenatorio que esos mismos pensamientos regresan a mí como afilados cuchillos. Amor, la palabra, no trae nada consigo».

Está claro que la fe no es una confianza que se encuentra y de la que se puede echar mano año tras año. Se trata más bien de un elusivo Grial que se tiene que buscar y volver a ganar una y otra vez. Eso es especialmente así en los momentos de enfermedad o muerte, cuando la incertidumbre sobre el futuro, la separación, la pérdida y el dolor por la muerte de un ser querido traen consigo inevitables tentaciones y cambios involuntarios.

Eso, sin embargo, no debería descorazonarnos o deprimirnos. Según mi experiencia, la batalla por la fe es la que da significado a la vida, la que se lucha más intensamente y la que aporta consigo las mayores recompensas. Sin fe, la existencia se convierte en un vacío que se llena rápidamente con superficialidades, conformismos, aburrimiento e incluso desesperación. Con ella, encontramos la fortaleza para cada nuevo día.

Para alguien cuya visión de la religión se ha visto condicionada por la vida eclesiástica convencional, quizá parezca improbable el exponer esta idea de que la fe puede ser una fuerza vital y no sólo una obligación o una tradición reconfortante. Pero lo cierto es que resulta difícil discutir con quienes la han experimentado como tal. Malcolm Muggeridge, el famoso comentarista agnóstico de la televisión inglesa, buscó la fe durante la mayor parte de su vida. En un momento dado, mientras trabajaba como periodista en África, se sintió tan abatido ante su propio fracaso para encontrarla, que una noche se adentró nadando en el mar, con la intención de ahogarse. Pero en el último momento, algo lo contuvo. De algún modo, desde alguna parte en lo más profundo de su ser, brotó un nuevo sentido del propósito y un nuevo deseo de vivir. Muggeridge explicaría más tarde:

> Es precisamente cuando se ha explorado cada esperanza terrenal, y se descubre que no hace sino menguar,

cuando se han utilizado todos los recursos que ofrece este mundo, tanto morales como materiales, sin conseguir por ello efecto alguno... cuando en la más completa oscuridad parpadea finalmente un balbuceo de luz... Es entonces cuando Cristo tiende su mano hacia nosotros, segura y firme.

Kathleen, una profesora jubilada, encontró una fortaleza similar a partir de su fe cuando ya se aproximaba la muerte. Prácticamente inválida a causa de fuertes dolores en el pecho y graves dificultades respiratorias, su estado no hizo sino empeorar gradualmente a lo largo de muchas semanas. Sus familiares se retorcían las manos, pero ella conservaba la serenidad y les recordaba que Cristo no le pediría nada que no pudiera soportar. «Eso es algo que nos ha prometido», les dijo enfáticamente.

Tanto para nosotros como para Kathleen, la fe puede darnos más que la simple esperanza de un mundo mejor más allá de la muerte. No tiene por qué limitarse a un lugar en el cielo. Al transformar nuestra visión del mundo presente puede conducirnos desde la desesperación al valor y desde la resignación a la resolución. Pero eso únicamente puede ocurrir si permitimos que suceda. Por parafrasear a Clarence Bauman, el autor mennonita, la fe es inútil si sólo se limita a cantar con amortiguado entusiasmo unos viejos himnos y a «perpetuar la esperanza de la bendición apocalíptica más allá de este pecaminoso valle de lágrimas». Pero si la fe nos impulsa a invertir más intensamente en la plenitud de la vida, dice Bauman, abrirá las puertas a nuevas posibilidades de alegría y triunfo aquí, en este mundo, el mundo del presente que Dios ha creado y ama y por el que Jesús vivió y murió.

Yo mismo experimenté ese triunfo a la muerte de mi tío Herman. El hermano más joven de mi padre, este hombre alto y nudoso, soñó de joven en convertirse en médico, hasta que la Segunda Guerra Mundial interrumpió sus estudios y lo envió primero a Suiza, luego a Inglaterra, después a América del Sur y finalmente de regreso a Estados Unidos, donde trabajó como granjero, profesor y ministro de la Iglesia. Durante todo ese tiempo, fumó compulsivamente y para cuando tenía cincuenta años ya se le había desarrollado un enfisema.

En agosto de 1972, a la edad de cincuenta y siete años, a Herman se le diagnosticó un cáncer de pulmón en estado avanzado. Durante los cuatro meses siguientes necesitó oxígeno casi continuamente. Había momentos en que su sufrimiento era tan intenso que anhelaba morir mientras dormía. Según me dijo una mañana, después de una noche particularmente dura: «Es muy duro permanecer suspendido de este modo entre la vida y la muerte». Hablaba a menudo de la eternidad y se preguntaba cómo sería. Sorprendentemente, solía mostrarse muy animado durante la mayor parte del tiempo.

Al echar la mirada atrás, viéndose obligado por el cáncer a hacer balance de su vida, Herman pudo ver las trampas de complacencia con insólita claridad y consiguió recuperar el entusiasmo tan característico en sus años más jóvenes. No guardó para sí mismo las percepciones que eso le proporcionó, sino que desafió a todas las personas que conocía a redescubrir su propio y «primer amor» por Dios.

Un domingo por la mañana, una semana antes de Navidad, las enfermeras de Herman lo despertaron y lo bañaron. Más tarde se le unió en el salón su esposa, Gertrude. De repente, se quitó la mascarilla de oxígeno y una radiante expresión de alegría y paz transfiguró su rostro. Al darse cuenta de que el fin estaba cerca, Gertrude llamó al resto de la familia, incluidos mi padre y yo mismo. Minutos más tarde, Herman extendió ambos brazos, tomó las manos de su esposa y la miró, con una última, larga y amorosa mirada. Luego, falleció.

Al recordar aquella mañana, mi padre diría después: «Había algo victorioso en el rostro de mi hermano y creo que fue la alegría de aceptar la voluntad de Dios y de saber que para él le había llegado la hora de Dios». Yo mismo nunca he visto a nadie que afrontara la muerte con tanta seguridad en sí mismo.

14

Valor

De niño me cautivó la histo-
ria del mártir Policarpo, uno de los primeros cristianos, al
que quemaron en la hoguera hace unos dieciocho siglos.
Parte de ese atractivo lo encontraba en el drama mismo:
la ensangrentada arena romana de los gladiadores y los
santos, de los leones y las multitudes que vitoreaban.
Pero lo que más me impresionaba fue la voluntad de
Policarpo de morir por sus convicciones. No es que fuera
mansamente al encuentro de su muerte ya que, según los
testigos, estuvo desafiante y hasta se encaró con la multitud que lo rodeaba en su ejecución, riñéndola. Pero no
demostró la menor señal de temor.

Durante ochenta y seis años he servido a mi Rey y
Salvador y él nunca me ha hecho daño alguno. ¿Cómo

puedo blasfemar de él? Me amenazáis con el fuego que quema durante una hora y que luego se apaga tras un corto tiempo, pues no conocéis el fuego del juicio que viene y del castigo eterno para los sin Dios. ¿Por qué esperáis? Traed lo que necesitéis.

Después de que dijera esto, la multitud apiló leña a su alrededor y, aunque él ya estaba atado con cuerdas, le amenazaron con clavarlo a la estaca para asegurarse de que no escaparía. Policarpo mantuvo la serenidad y les dijo: «Dejadme. Aquel que me da fuerzas para resistir el fuego, también me dará fuerzas para permanecer impávido junto a la estaca, sin la ayuda de vuestros clavos».

Al igual que Policarpo, innumerables hombres y mujeres, y no sólo cristianos, sino también judíos, musulmanes y gentes de otras religiones, han pagado sus convicciones con sus propias vidas. Y creo que tenemos mucho que aprender de ellos. ¿Enfrentaremos la muerte con el mismo valor y convicción, con la confianza que dimana de estar en paz con Dios y con nosotros mismos? ¿O nos encogeremos ante ella, temerosos, dándole vueltas a nuestras lamentaciones y errores y deseando haber tenido la oportunidad de vivir de nuevo?

Puesto que el martirio es, básicamente, un fenómeno histórico, quizás estas preguntas no parezcan hoy tan urgentes. Pero el valor no es una virtud anticuada y pasada de moda, sino un arma vital. Y sin él no llegaremos a la arena de la muerte, en la que todos tendremos que entrar un día u otro. Por eso tengo la sensación de que, de todas las cualidades compartidas por la gente que aparece en este libro, el valor es la más notable. Valor en el sufrimiento, en medio del vacío y de la pérdida, valor para afrontar el futuro, incluso cuando significa una muerte segura. Sin él, ninguna de estas personas habría podido superar sus temores y encontrar la paz.

Cierto que el valor es tan importante en lo mejor de la vida como en su final. De hecho, si confiamos en encontrarlo cuando más lo necesitemos, como por ejemplo en el momento de la muerte, tenemos que nutrirlo día a día. Y si no podemos encontrarlo en nosotros mismos, sólo tenemos que mirar a nuestro alrededor. En mi Estado natal, Nueva York, por ejemplo, meses después de la tragedia del 11 de septiembre siguen aflorando historias sobre el arrojo y el heroísmo demostrado por policías, bomberos y otros colaboradores. Y siempre hay personas «corrientes», como Ramona, de la que se habla a continuación. Aunque no relacionada con ningún acontecimiento público y previamente invisible para todos, excepto para un pequeño círculo de familiares y amigos, su historia me pareció inspiradora.

Embarazada de cinco meses, Ramona miraba con ilusión hacia el futuro. O, al menos, así había sido, hasta que un control rutinario en la consulta del médico hizo trizas sus esperanzas y cambió su vida para siempre:

Era un viernes y mi esposo, Barry, estaba trabajando, por lo que había ido sola a la consulta para hacerme el control. El médico terminó de hacerme la ecografía y me pidió que me sentara en una silla. Nada podría haberme preparado para lo que me dijo a continuación: mi bebé tenía una afección llamada anaencefalia que, básicamente, significaba que no tenía cráneo. La mitad superior de su cabeza estaría gravemente mellada y aunque no tendría problema alguno para mantenerse con vida en mi útero, no sobreviviría al parto más que unas cuarenta y ocho horas.

Me sentí conmocionada. Había tenido ya dos abortos, pero se produjeron en una fase tan inicial del embarazo que no hubo mucho más que ver que una especie de pequeño saco. Esto, en cambio, era diferente. Ahora podía ver a este bebé en el ecógrafo como una persona real, ya desarrollada.

Lloré durante todo el camino de regreso a casa. Pensé en la historia del Antiguo Testamento en la que se habla de cómo Dios le había ordenado a Abraham que sacrificara a su hijo Isaac. No es que yo estuviera dispuesta a matar a mi hijo, pero tendría que dejarlo marchar y entregárselo a Dios.

Fue la decisión más dura con la que he tenido que
enfrentarme y no podía dejar de preguntarme por qué.
Dios sabía que había amado y recibido bien a cada hijo
que me había dado. ¿Por qué me hacía esto?

Pero, a medida que transcurrió el tiempo, Ramona se pre-
ocupó cada vez menos por encontrar una respuesta a esa
pregunta. Aunque no comprendiera nunca por qué se
había visto sometida a tal carga, estaba decidida a aceptarla y a llevar su embarazo hasta el final. Fue, expresado
de un modo muy sencillo, una cuestión de «respeto por el
don de la vida que sólo otorga Dios», dijo ella.

Una vez tomada su decisión, Ramona tuvo que defen-
derla. Primero, el médico le recordó que, puesto que el
feto tenía menos de veinticuatro semanas, las leyes estatales permitían la práctica del aborto y le recomendó
suavemente que lo hiciera así. Los amigos y conocidos
e incluso los miembros de su iglesia, que es católica,
también le preguntaron por qué no «hacía algo» al respecto. Pero ella no se dejó convencer: «Nunca pensé que el
aborto fuese una opción. Según le expliqué a mi médico y
a las gentes que parecían asombradas, mi bebé aún estaba
con vida, a pesar de su estado, y mientras Dios lo quisiera
así, seguiría viviendo y yo me ocuparía de cuidarlo».

La actitud de Ramona quizá parezca natural pero,
en realidad, necesitó de mucho valor y de continuas

oraciones para mantener su decisión. Cuando flaqueaba, era el bebé el que la ayudaba a mostrarse firme de nuevo: «Lo sentía moviéndose en mi interior y cada vez que notaba una patada, tenía la sensación de que me estaba recordando que rezara». Al preguntársele por qué rezaba, Ramona contestó que lo hacía no sólo por su propia paz mental, sino también con la confianza de que su decisión animara a otras personas a cuestionar la difundida convicción de que el aborto es la mejor solución para las malformaciones prenatales o para que, al menos, respetaran la validez de su convicción.

Esa esperanza se materializó al menos en una situación. En diciembre, cuando abandonaba la consulta del médico, después de otro examen, éste le dijo: «¿Sabe una cosa, Ramona? Realmente, admiro su respeto por la vida».

El 4 de febrero de 2001, Ramona dio a luz a Isaías, como ella y Barry llamaron al bebé:

Fue un parto repentino, difícil y doloroso. Quizá yo me estaba resistiendo subconscientemente a que se produjera, al saber que Isaías estaba a salvo mientras permaneciera en mi interior. Empecé a llorar. Pero una amiga me había traído una imagen de Jesús en la cruz, que coloqué donde pudiera verla. La seguí mirando durante las horas siguientes y recé para que Jesús estuviera conmigo.

Cuando finalmente di a luz, me sentí inundada por una mezcla de emociones encontradas. Experimenté una gran alegría y una profunda pena. Isaías tenía un aspecto muy diferente al de un bebé normal. Tal como me había advertido el médico, le faltaba toda la parte superior de la cabeza, y tenía los ojos muy hinchados por haber tenido que pasar sin protección por el canal uterino. Y, sin embargo, vivía, respiraba y pataleaba. Era incluso un bebé de aspecto robusto.

No todos los hermanos de Isaías pudieron verle ese primer día. Mis hijos más pequeños estuvieron bien y ni siquiera parecieron darse cuenta de que su hermano tuviera algo diferente, mientras que mi hija de quince años evitó cuidadosamente pasar por la habitación del hospital donde yo estaba ingresada y se marchó a la cafetería, con una prima. Pero, a pesar del exterior tan poco comunicativo, yo sabía por lo que estaba pasando en su interior. Así que no me sorprendió nada cuando todo salió más tarde a la luz. Tras la muerte de Isaías, ella lo sostuvo entre sus brazos y lloró: «Mamá, nunca lo tuve en brazos cuando estaba vivo».

Dado el estado de Isaías, el hospital bien poco podía hacer que no pudieran Ramona y Barry. Así que lo sacaron de la unidad de cuidados intensivos y se lo llevaron a casa, con la familia. Murió aquella misma noche.

Había preparado una pequeña canastilla para Isaías, pero no llegó a utilizarla porque en ningún momento dejamos de tenerlo en brazos una vez que bajamos del coche. Hacia las siete y media de la tarde, su hermano, que en ese momento lo tenía en sus brazos, dijo: «Mamá, creo que Isaías necesita que lo cambien». Lo tomé y lo acosté en el sofá y, de repente, todo su cuerpo se puso rígido y se volvió de color púrpura. Ya me habían dicho anteriormente que cabía esperar que se produjese algo así, pero cuando llegó el momento me sentí llena de pánico y completamente desamparada. Entregué el niño Isaías a su padre y busqué desesperadamente el número del consultorio médico local, pero cuando finalmente conseguí conectar con ellos no parecieron saber quién era yo o de qué estaba hablando. Probé entonces con el hospital y pregunté por Amy o Sue, las enfermeras que habían atendido a Isaías. Acudieron en cuanto pudieron, pero ya era demasiado tarde. Cuando ellas llegaron Isaías ya había muerto.

Tardó unos veinte minutos en morir. Justo antes de expirar inspiró profundamente siete veces seguidas, con grandes suspiros intercalados con pausas. Luego, dejó de moverse. Me incliné sobre él y comprobé la respiración. Había dejado de respirar. Nunca había visto morir a nadie hasta ese momento y en este caso se trataba de mi propio hijo. No lo olvidaré nunca.

Al preguntársele si se había enojado con Dios después de escuchar por primera vez el diagnóstico sobre Isaías, Ramona pareció sorprendida:

No . . . mejor dicho, sí, aunque sólo al principio. La hermana Katherine, una monja que conozco, me dijo que puesto que Jesús es tu amigo y los amigos se enfadan a veces unos con otros, se lo tienes que contar todo, incluso tu enojo y tus dudas, lo que sea. No puedes actuar como si todo aquello que te produjera estuviese bien. Pero luego, a medida que lo pensaba, me dije a mí misma: «¿Cómo *te* atreves a enojarte con *Dios*? Después de todo, es el creador de todo el universo. ¿Y quién soy yo?».

Ramona dice que, lejos de lamentar su decisión de dar a luz a Isaías, tiene la sensación de que eso fue un privilegio. Diversas coincidencias le hicieron sentir que quizás estaba cumpliendo también con una obligación divina. En primer lugar, el día que se enteró de la malformación de Isaías era un viernes, el día en que los católicos recuerdan a María, la «Madre Dolorosa». A Ramona, eso le pareció una señal. En segundo lugar, su propio cumpleaños, el 22 de enero, aparecía designado en el calendario de la iglesia como el «Día Provida». «Debido a eso, siempre he tenido la sensación de que quizá Dios quiso utilizarme como testigo del valor de toda la vida», dice Ramona.

En ocasiones, el valor para actuar con decisión surge de un profundo pozo de convicción personal. Para Ramona, por ejemplo, el aborto quedó totalmente descartado. Para otra persona, incluso para alguien que había nutrido sus propias convicciones a lo largo del tiempo, el valor para actuar según esas mismas convicciones podía faltar en un momento crítico, para ser luego recuperado sólo con paciencia y esfuerzo. Eso se puede decir tanto de las situaciones en que nos encontramos ante un peligro físico como de aquellas otras en las que el desafío es moral.

Al margen de la forma en que surja, cada acto de valor tiene el poder para engendrar otros, ya sea a través de la reacción en cadena de la inspiración o de una forma más directa. Así sucedió en el caso de Ramona. Casi diez años antes, en el mismo hospital, otra madre descubrió que llevaba en su seno un feto anaencefálico y, al saber que aquella mujer había decidido tenerlo de todos modos, Ramona encontró la seguridad extra que necesitaba y una sensación de paz. Y la historia no ha concluido aún, porque en el año transcurrido desde el nacimiento y muerte de Isaías, el hospital ha solicitado la ayuda de Ramona para asesorar a los miembros de un grupo de apoyo para mujeres que han tenido que lamentar la pérdida de un hijo.

Anne, una prima mía, demostró tener un valor muy similar al seguir los dictados de su corazón, aunque las circunstancias no pudieron haber sido más diferentes. Preocupada por el interminable conflicto en Oriente Medio, experimentó el deseo de hacer algo más que leer lo que ocurría en los periódicos. Así que, cuando una organización de Cisjordania envió una solicitud de ayuda, ella se apuntó y viajó a Belén como voluntaria.

Anne sabía que se metía en un ambiente extremadamente peligroso. Dado el constante tira y afloja entre las dos fuerzas enfrentadas en la ciudad, el ejército israelí y la OLP, todo aquello que se moviera se convertía en un objetivo potencial, especialmente por la noche. Mas, por otra parte, ¿de que servía viajar a Belén si protegerse una misma significaba quedarse acobardada dentro de un edificio?

Una vez instalada en su morada e integrada en su nuevo trabajo (se ocupa de niños y mujeres ciegas y discapacitadas en un hogar comunitario privado), Anne empezó a explorar a pie la zona en los alrededores de Belén, tratando de conocer a tanta gente como pudiera en ambos lados del conflicto y escuchando sus puntos de vista y perspectivas.

Anne admite que vivir en una zona de combate puede ser algo tenso; ha sido testigo de enfrentamientos armados e incursiones de helicópteros y ha tenido que consolar a supervivientes traumatizados. Ha conocido a gente que se ha resignado a la guerra, convencidos de que nunca acabará. Pero también ha encontrado verdaderos pilares de resistencia, fortaleza y esperanza, a personas que siguen amando y dando, que ofrecen una taza de café a un extraño y que invitan a un extranjero a compartir una comida.

En un momento determinado, Anne soportó durante cuarenta y seis horas una barrera de fuego de artillería entre un cercano asentamiento judío y un pueblo palestino. En otra ocasión, los tanques israelíes penetraron en el barrio:

Aquí, las cosas se están desmadrando de veras. Esto es la locura más absoluta . . . ¿Quién sabe quién está disparando contra quién? Innumerables balas han cruzado nuestro pequeño olivar, a seis metros de mi ventana. En un momento dado, algo pasó silbando ante la ventana y un momento después se produjo una enorme explosión en la carretera de Hebrón. El corazón se me aceleró unos pocos latidos. Algo más tarde explotaron más bombas, dejándome ensordecida. Mientras observaba, una bola roja de fuego tras otra brotaban silenciosamente de los tanques israelíes apostados en Beit Jala, cada una de ellas seguida por un enorme sonido resquebrajante. Uno de ellos disparaba a sólo tres casas de distancia . . .

Me quedé dormida, mientras seguía la batalla y dormí

durante toda la noche, gracias a sus oraciones. Una de las ancianas a las que cuido se muestra angustiada ante la posibilidad de que todo esto le impidiera acudir pronto a su médico. Hace tres semanas fue sometida a una operación quirúrgica de importancia y hace diez días que se le acabaron los antibióticos y los analgésicos.

Preocupado por su seguridad, envié un correo electrónico a Anne para preguntarle cómo le iban las cosas. Su respuesta me sorprendió: «No lo puedo explicar, pero lo cierto es que me siento feliz y completamente en paz. Estoy plenamente convencida de que Dios escucha nuestras oraciones y de que se hará su voluntad. Eso me da fuerzas para seguir viviendo aquí. Es posible que tenga que sufrir en algún momento, pero sé que estoy en manos de Dios y eso lo significa todo para mí».

Después de haber pasado varios meses en Cisjordania, Anne regresó a casa para tomarse un corto respiro. Había cambiado. La jovencita, en otro tiempo tímida e inquieta, aparecía ahora relajada; si en otro tiempo había estado preocupada por las cosas pequeñas de la vida, como las plantas de casa, sus cacatúas y su música clásica, ahora se sentía consumida por una visión mucho más amplia.

No le pregunté a Anne por todo esto, ni siquiera hice comentario alguno, pero ella misma me lo explicó sin darse cuenta. Según dijo, durante un período particularmente tenso buscó refugio en Jerusalén, en el Huerto de

Getsemaní y, mientras estaba allí, experimentó algo que
alteró toda su perspectiva sobre la vida:

Me sentía sola y agotada y necesitaba un lugar tranquilo
donde pensar. Pero una vez que llegué allí me olvidé
de mí misma. No podía dejar de pensar en Jesús y en la
agonía que sufrió allí mismo, donde yo estaba sentada
ahora. Se sentía desamparado, a pesar de lo cual rezó:
«Hágase tu voluntad, no la mía». De algún modo, aquello
me infundió valor y fortaleza y sentí la convicción de que
pasaría por lo que me tuviera reservado el futuro.

Al describir en su diario sus propias ansiedades sobre la
muerte, León Tolstoi revela una actitud similar a la hora
de superarlas:

Me gusta mi jardín, me gusta leer un libro, acariciar a un
niño. Al morir, pierdo todas esas cosas y, en consecuencia,
no deseo morir y temo a la muerte. Es posible que toda mi
vida consista en esos deseos y si eso es así, no puedo evitar
el tener miedo de todo aquello que me impida alcanzar su
gratificación. Pero si han cedido su lugar y han sido sus-
tituidos por otro deseo, el deseo de hacer la voluntad de
Dios, de entregarme a él en mi estado actual y en cualquier futuro estado, entonces cuanto más han cambiado
mis deseos tanto menos temo a la muerte y tanto menos
existe la muerte para mí.

En el momento de escribir esto, Anne ha vuelto a

Israel y trabaja en un barrio de Belén patrullado por francotiradores e iluminado por la noche por las explosiones. Quedan muy pocos extranjeros en la zona. Sin embargo, ella se mantiene valerosa: «Rezo cada día para recibir protección», dijo poco antes de su regreso. «Y sé que hay muchas personas que también rezan por mí. ¿Por qué he de preocuparme? ¿Acaso no serán escuchadas todas esas oraciones?».

Curación

En 1933, mi tío Hardy, que
por aquel entonces estudiaba en Tübingen, conoció a una
compañera de clase, Edith y se enamoró de ella. Un año
y medio más tarde se casaron y se instalaron en Silum,
una diminuta comuna establecida en lo alto de los Alpes.
Dotados de temperamentos poéticos similares y con una
misma gran afición por la historia y la literatura, la joven
pareja no podría haber estado mejor dotada el uno para el
otro, ni podían haber sido más felices, sobre todo después
de que Edith descubriera que esperaba un niño. Pero su
alegría no habría de durar mucho.

Pocos días después del nacimiento del bebé, Edith
desarrolló unas fiebres puerperales que por entonces eran
fatales en todo el mundo. La infección no tardó en exten-
derse a la corriente sanguínea. La temperatura aumentó,

el pulso se aceleró, se le empezaron a inflamar las venas y a hinchársele el cuerpo. Se estaba muriendo y no parecía haber esperanza alguna de recuperación.

Hardy, sin embargo, no estaba dispuesto a permitir la muerte de su esposa y tampoco lo estaba su padre, mi abuelo. Al empeorar el estado de Edith, reunió a los miembros de Silum y los dirigió en el rezo por ella. También impuso sus manos sobre ella, pidiéndole a Dios que la curase si esa era su voluntad.

Poco a poco, Edith se fue recuperando y, en un momento dado, el médico declaró que ya estaba fuera de peligro. Poco después de eso, sin embargo, la fiebre reapareció y volvió a perder terreno. Un día se encontraba bien y al día siguiente se sentía críticamente enferma.

Fue aproximadamente por entonces cuando mi abuelo observó algo que no había visto antes: que el estado de ánimo de Edith parecía fluctuar con su estado de salud y que ambos ascendían o descendían según el estado del grupo que la rodeaba. Cuando los miembros del grupo se sentían deprimidos o pesimistas o mezquinos, ella se debilitaba ostensiblemente; si, en cambio, se reunían a su alrededor con alegría y resolución, recuperaba fortaleza. Era como si su cuerpo se hubiese convertido en un barómetro del ambiente del grupo.

Conmocionada por este misterioso fenómeno, la gente de Silum rezó con mayor insistencia que nunca. Pero ahora no se concentraron en la salud física de Edith, sino que más bien trataron de abrirle los ojos de tal modo que pudieran comprender todos la naturaleza espiritual de su lucha e identificar y eliminar cada obstáculo potencial a la victoria, incluidas sus propias agendas y opiniones personales, abriendo así el camino para que Dios lo curase todo: el cuerpo y el alma. Según me explicó mi abuelo por aquel entonces: «No puede haber victoria del Espíritu Santo mientras la gente se perciba a sí misma como personas capaces de curar la enfermedad. El Espíritu no tiene nada en común con la magia. Puede curar, pero no hasta que desaparezca la terquedad y todas las demás aspiraciones humanas de poder. Entonces y sólo entonces se mostrará el Espíritu como el que cura la enfermedad, expulsa a los demonios y supera la muerte». Fue en este sentido en el que se luchó por la enfermedad de Edith, la cual finalmente se superó varias semanas más tarde.

Muchos años después, al recordar todo lo sucedido, mis padres, que por aquel entonces vivían también en Silum, explicaron que Edith había concebido su batalla en términos de algo espiritual mucho más grande, como una batalla entre la luz y la oscuridad, la vida y la muerte. Debido a ello, no luchó únicamente por su propio bien, sino que también tuvo la sensación de que si había que alcanzar una victoria, esta tenía que significar algo más que su propia supervivencia. Había de ser un testimonio vivo del poder que se desata cuando la gente se une para rezar por un objetivo común. Seis décadas más tarde, otro familiar mío experimentó el mismo poder curativo de la oración. Fue un día de febrero de 1996 y una de mis sobrinas, casada tres años antes, nos acababa de llamar a mi esposa y a mí para anunciarnos la llegada de su primer hijo. Simón fue un bebé hermoso y sano, de algo más de tres kilos, perfecto en todos los sentidos, al menos al principio. Al cabo de pocas horas, sin embargo, se le desarrollaron dificultades respiratorias. Se le aplicó oxígeno y se llamó a una ambulancia, ya que el parto había tenido lugar en una clínica rural. Camino del hospital, el bebé se tornó cianótico.

Una vez en el hospital, los rayos X confirmaron enseguida lo que temían los médicos: Simón tenía los dos pulmones gravemente infectados. Predijeron que, si sobrevivía, probablemente sufriría pérdida de audición y dificultades visuales e incluso hasta posibles daños cerebrales.

Esforzándose por alejar de sus pensamientos las palabras de los médicos, temerosos de que aquello fuese el principio del fin, los padres de Simón se quedaron paralizados por el desánimo y el dolor. Pero no por mucho tiempo. Entonces, se preguntaron: «¿Por qué no dirigirse a Dios y pedirle que cure a Simón? ¿Por qué aceptar la derrota? Después de todo, Dios sabía cosas que los médicos que atendían a Simón no sabían. Y el propio Simón tampoco abandonaba la lucha. Por debajo del laberinto de cables, agujas, tubos y luces, por debajo del zumbido del ventilador mecánico que respiraba por él, el niño seguía pataleando, luchando por su vida.

Los padres de Simón rezaron, pero el estado del pequeño se deterioró. Por la noche, sangraba por los pulmones y necesitó una transfusión. Más tarde, esa misma noche, le bajó la tensión sanguínea. Se le administró «Dopamina», un medicamento muy potente, a pesar de lo cual su vida pendía de un hilo. A quince kilómetros de distancia, sin embargo, se contaba con otra clase de fuerzas: las oraciones de docenas de miembros de nuestra iglesia. Todo sucedió de forma espontánea, pero con rapidez: a medida que la gente se enteraba de lo que le sucedía a Simón, se hicieron planes para reunirse e interceder en su nombre. Mientras tanto, los padres de Simón y un puñado de amigos continuaron rezando alrededor del bebé, en el hospital. A medianoche, de repente, Simón pareció experimentar un cambio; a las cinco de la madrugada se le quitó el oxígeno. El médico, que no se había separado de él en toda la noche, levantó la mirada, perplejo y dijo: «Dios mío, deben de saber ustedes rezar muy bien. No se me ocurre ninguna otra explicación para el hecho de que el bebé siga entre nosotros». Otra doctora fue aún más explícita: «Su hijo debería haber muerto», dijo, sacudiendo la cabeza con una expresión de incredulidad.

Durante los días siguientes y, a pesar de la predicción de nuevos obstáculos, hecha por el especialista, Simón mejoró de un modo tan firme que pronto le dieron el alta en el hospital. Actualmente es un niño sano de cinco años de edad, sin daño neurológico de ningún tipo.

La historia de Simón, como la de Edith, es un memorable testimonio del poder de la oración. Pero, a pesar de su dramatismo, ninguna de las dos es única. De hecho, los casos de recuperación inducida por tal intercesión son tan corrientes en la actualidad que, a menudo, se habla al mismo tiempo de curación y de oración. Asimismo, se habla de esta relación de un modo tan casual y a menudo sensacionalista que la gente empieza a considerarlas con una justificada mezcla de escepticismo y desconcierto.

Sin embargo, no podemos despreciar la conexión bíblica entre oración y curación, tal como se expresa en un pasaje como el siguiente, tomado del Evangelio según san Mateo: «Pidan, y se les dará; busquen, y encontrarán; llamen, y se les abrirá. Porque todo el que pide, recibe; el que busca, encuentra; y al que llama, se le abre».

Para alguien que ha experimentado la curación o que la ha visto hecha realidad en otra persona, estas palabras de Jesús no son una simple promesa, sino una realidad innegable. Por otro lado, para alguien que no lo ha experimentado puede despertar una sensación de frustración. ¿Qué decir cuando se reza día tras día por el cónyuge, el progenitor o el niño que mueren de todos modos? ¿Qué decir cuando la persona se ha curado aparentemente, sólo para ser arrebatada poco después? (Eso fue precisamente lo que le sucedió a Edith: ocho años después de su roce con la muerte, murió a causa de una apendicitis.)

Al reflexionar sobre estos temas, no tengo respuestas. Pero sí tengo unos pocos pensamientos, el primero de los cuales es que depositar las propias esperanzas en milagros y maravillas supone depositarlas en la decepción. El optimismo es un medicamento maravilloso, pero no puede ir en contra de las leyes de la naturaleza o de la voluntad de Dios. Es cierto que, cuando actuamos con fe, se producen milagros. Pero como observó el pensador y antiguo secretario general de la ONU, el sueco Dag Hammarskjöld, la consecuencia es que, al aferrarnos a tales ocurrencias, «nos sentimos tentados de convertir los milagros en el fundamento de nuestra esperanza . . . con lo que perdemos nuestra confianza en la fe».

Además, al margen de la aparente efectividad (o inefectividad) de nuestras oraciones, estoy convencido de que deberíamos seguir dirigiéndonos a Dios, convencidos de que nos escucha. Y, al hacerlo así, no deberíamos olvidar que aunque la mayoría de nosotros nos concentramos habitualmente, en nuestras oraciones, en contarle nuestros problemas y deseos, quizá podamos discernir mejor cuál es su voluntad guardando silencio y dejándole hablar.

Finalmente, también deberíamos darnos cuenta de que quizá Dios no responda a nuestras oraciones en las que pedimos la curación de la forma en que esperamos que lo haga y que las preguntas que le planteamos quizá no sean contestadas tal como deseamos. En *Un dolor observado*, C. S. Lewis comentó: «Cuando le planteo algunas preguntas a Dios, no obtengo respuesta, sino una clase muy especial de "no respuesta". No es como la llamada a la puerta, sino más bien como una mirada silenciosa en la que, desde luego, hay compasión, como si Dios sacudiera la cabeza no en un gesto de negativa, sino sopesando la pregunta, algo así como si me dijera: "Paz, hijo mío, no comprendes"».

Lewis sigue diciendo: «¿Acaso puede un mortal plantear preguntas que Dios no pueda contestar? Pues creo que sí y muy fácilmente . . . ¿Cuántas horas hay en una milla? ¿Es el amarillo redondo o cuadrado? Probablemente, la mitad de las preguntas que hacemos, es decir, la mitad de nuestros grandes problemas teológicos y metafísicos, las planteamos así».

Dada la tendencia moderna a creer que podemos encontrar una cura para cada afección, siempre que investiguemos lo suficiente, esta es una cuestión importante a tener en cuenta. En el ámbito de la curación, por ejemplo, ¿cómo podemos estar seguros de que el tratamiento es más importante que la afección? ¿Dónde termina uno y empieza la otra? ¿No podría ser que, en ocasiones, ambas fueran una única y misma cosa? Cuando una persona arrogante y concentrada en sí misma se ha visto afectada por la mala fortuna o por la tragedia, que la han transformado en otra persona más humilde y cariñosa, ¿podemos decir que eso le ha causado más daño o que la ha curado? Quizá seamos excesivamente limitados en nuestro pensamiento, sobre todo cuando pensamos en la curación en términos puramente físicos.

Que la enfermedad y la curación se pueden encontrar en la muerte, tanto como en la vida, no resulta nada difícil de aceptar en el caso de una persona anciana que ha vivido plenamente la vida y que está preparada para partir. Pero ese mismo pensamiento es válido, independientemente de la edad. Cuando Zach, un hombre joven, se vio afectado por un cáncer muy avanzado, su congregación le rezó a Dios para que le curase y le permitiese recuperar la salud. Zach recibió la mejor atención médica de vanguardia en un hospital universitario y, durante varios meses, desafió todos los pronósticos y animó la confianza de todos aquellos que le apoyaban. En un momento determinado incluso se declaró la enfermedad en proceso de remisión. Luego, aproximadamente un mes más tarde, experimentó de repente una recaída. Falleció en cuestión de semanas.

Al hablar con Zach y su familia poco antes de su muerte, percibí que las continuas oraciones de su iglesia por la curación, aunque sinceras, no habían disminuido necesariamente su sufrimiento y que, en ocasiones, incluso lo habían hecho más duro. ¿Cómo reaccionar, por ejemplo, cuando amigos bienintencionados insistieron en que Zach saldría adelante, a pesar de que sus sentimientos les indicaban precisamente lo contrario? ¿Debían seguir el juego, «confiar en Dios» y fingir que creían en lo que no podían creer? Al no saber qué pensar, le pregunté con toda franqueza: «Bueno, Zach, ¿estás preparado para lo que suceda, no sólo para quedar físicamente curado, sino también para morir?». Lo que pretendía darle a entender es que la cuestión de la recuperación o de la curación no le llevaba a ninguna parte. El cáncer se hallaba ahora tan avanzado que seguramente sólo le quedaba una o dos semanas de vida. No había tiempo para las distracciones . . .

Después de una lucha intensa, Zach decidió que, en realidad, necesitaba afrontar el hecho de que se estaba muriendo y aceptar, sincera e incondicionalmente, la voluntad de Dios para él, fuera esta cual fuese. En los días que siguieron continuó su marcha cuesta abajo, pero eso ya había dejado de importarle. Se moría, y eso no lo podía negar. Pero, por paradójico que pueda parecer, también experimentaba la curación que le había estado dando la espalda durante tanto tiempo. Interiormente, Zach experimentaba un cambio inconfundible. Empezó a ser menos consciente de sí mismo, a salir más al encuentro de los demás, se hizo más dulce y maduro, más profundo. Pero lo más notable de este joven de veintitantos años, seguro de sí mismo, con ganas de discutir, fue que empezó a reflejar el espíritu infantil que Jesús dice que debemos descubrir en cada uno de nosotros para entrar en el reino de Dios.

La transformación de Zach no se produjo con facilidad y tampoco dejó de costarle un precio. La curación interior que encontró tampoco le facilitó el despedirse de todos. Para su madre, en particular, siguió siendo inenarrablemente duro: «Al perder a alguien de quien te sientes tan cerca, el dolor y la conmoción son indescriptiblemente profundos, sobre todo si estás ahí, con él, cuando se marcha para siempre. No sé cómo pudimos pasarlo». Aún así, estuvo de acuerdo con su esposo cuando dijo: «La muerte de Zach no fue en modo alguno una derrota. Cierto que no se pudo tratar el cáncer con éxito. Pero él encontró la paz de corazón y, en ese sentido, estaba curado».

A pesar de su dolor, para los padres de Zach también hubo una especie de curación. Según dijo su padre más tarde: «La vida sigue teniendo sus altibajos. Algunos días nos sentimos destrozados y otros estamos bien. Pero el hecho de haber estado con nuestro hijo en su última noche nos cambió la vida. Finalmente, comprendimos que la muerte no tiene por qué ser algo aterrador. Quizá sea el último enemigo, pero eso no supone el final de la historia».

16

Cuidados

Karl, de ochenta y nueve años, era un rebelde contra la vejez y eso no le facilitaba el cuidar de sí mismo. Se podía enojar con uno cuando no se le permitía caminar a solas (porque no andaba seguro) o cuando no escuchaba lo que uno decía (porque estaba casi sordo). No obstante, todo el mundo le quería mucho. Cuando su enfermera lo empujaba por el barrio en la silla de ruedas, la gente interrumpía lo que estaba haciendo para acercarse y saludarle. Los niños dejaban de jugar y corrían a su lado, mostrándole dientes de león, estrechándole la mano, contándole sus secretos. *«Ja, ja!»*, asentía él, feliz, con su fuerte acento alemán, a pesar de que no comprendía una sola palabra. A los adolescentes también les gustaba porque, a pesar de su edad, estaba «en el meollo». Leía los periódicos y sabía lo que ocurría y se mostraba muy interesado por lo que ellos leían y por lo que pensaban acerca de los acontecimientos que ocurrían en el mundo.

Karl nunca dio por sentado el amor que recibía, algo no tan sorprendente si tenemos en cuenta su dura infancia, que empezó con la muerte de su madre y la escapada de un padre violento que lo maltrataba. Lo verdaderamente notable fue la forma en que su rudo exterior se fundía a medida que se acercaba a los últimos días de su vida. A veces, cuando lo acostaban, incluso se disculpaba ante las personas que le atendían (incluidos sus hijos y nietos) por haber sido brusco en algún otro momento del día. «Siento haberme enojado. Discúlpame, por favor.» Murió pacíficamente a los noventa años, rodeado por su familia y por Irma, su esposa, de casi setenta años.

A primera vista, la ancianidad de Karl parece bastante corriente, como un ejemplo perfecto de cómo se debería vivir la vida en la llamada edad dorada. Pero aunque todo anciano merece las atenciones de las que él pudo disfrutar, lo cierto es que la mayoría no las reciben. Lamentablemente, la situación más habitual supone confinamiento y temor, un «zapeo» eterno con la televisión para ahuyentar la soledad y el silencio y, a pesar de la seguridad social, más pobreza que ningún otro grupo de la población.

Hace sólo dos o tres generaciones, muchas personas vivían sus vidas en un único lugar. Allí educaban a sus hijos, envejecían y morían en sus hogares, rodeados por la familia, los amigos y la iglesia. En la actualidad, sin embargo, en la mayoría de sectores de la sociedad se ha perdido la sensación de pertenencia a una comunidad en particular y la propia sociedad se caracteriza por su movilidad y desarraigo. Sea por la razón que fuere, lo cierto es que muchos padres ancianos pierden a menudo las pocas conexiones estrechas que tenían con sus hijos en la edad madura y entran en la vejez rodeados de soledad.

Una mujer joven a la que conozco dice que en la residencia de ancianos donde trabajaba no era nada insólito que la familia de un moribundo diera instrucciones al personal para que no llamaran por la noche. «No me llame mientras duermo», le dijo un hombre cuando ella lo llamó para comunicarle que su padre podía morir esa misma noche. «Si tiene necesidad de hacerlo, llámeme por la mañana.»

Cierto que esa insensibilidad puede ser extremada, pero sus causas las vemos por todas partes: distanciamiento, aislamiento y prolongados períodos de separación física. Después de visitar Estados Unidos, a mediados de la década de 1990, la madre Teresa habló de la conmoción que sintió al ver cómo la gente suele almacenar a sus ancianos. Aunque en una de las instituciones que visitó observó que no les faltaba de nada, ya fueran alimentos, medicamentos, enfermeras, muebles cómodos, entretenimiento y otras cosas similares, también describió sus miradas aburridas, en blanco, y sus bocas abiertas, su resignación y la forma en que algunos no dejaban de mirar hacia la puerta. Según comentó: «La hermana me dijo que así están casi cada día. No hacen sino esperar, confiar en que un hijo o una hija acuda a visitarlos. Se sienten dolidos porque han sido olvidados».

La difícil situación de los ancianos institucionalizados parece bastante sencilla de señalar, pero tiene raíces muy profundas y no es nada fácil encontrar una solución. En cuanto se habla con alguien que tiene una madre o un padre ancianos, pronto se pone de manifiesto toda la complejidad del tema, sobre todo cuando el anciano ya no es capaz de vivir de una forma independiente. Nadie quiere que su madre o su padre mueran sin amor, en un ambiente impersonal y desatendidos, pero cuando a eso se añaden los compromisos que mantienen a una persona adulta y trabajadora atada desde que se levanta hasta que se acuesta, es perfectamente comprensible que sean tan pocos los que acepten la posibilidad de atender a sus padres en su propio hogar, durante el tiempo que sea necesario. A la mayoría de ellos les falta el dinero, el tiempo, el espacio o la energía, cuando no las cuatro cosas a la vez.

Envejecer en el hogar tampoco es un camino de rosas, sobre todo para personas que viven solas. Incluso cuando las circunstancias permiten a una familia atender a un ser querido en su propio hogar, se plantean numerosos desafíos, como confiesa Joan, una conocida que tiene un padre imposibilitado en la cama:

Para alguien que no lo haya experimentado de primera mano, es difícil imaginar lo que sucede realmente en un hogar en el que uno de sus miembros es un enfermo terminal. Yo no vivo en casa, ya que tengo mi propio hogar y familia, pero paso todo el tiempo que puedo con mi padre y eso me ha dado una ligera idea de lo que supone atender a otra persona.

No hubo un momento exacto en el que papá traspasó el límite de ser simplemente viejo y estar enfermo de neumonía a ser un enfermo «terminal». Eso sucedió gradualmente. Los días de enfermedad se alargaron interminablemente, convirtiéndose en semanas y luego en meses y aunque siempre nos preguntábamos cuándo mejoraría, eso no ocurrió. Empezaba a recuperarse, pero inmediatamente le reaparecía la fiebre y se le tenía que aplicar la siguiente ronda de antibióticos.

Finalmente, nos dimos cuenta de que las cosas ya habían llegado demasiado lejos y se habían mantenido así durante demasiado tiempo, de modo que convinimos en organizar una atención sanitaria permanente en el hogar. Papá experimentó entonces un rápido bajón, debilitándose hasta el punto de que el médico le dijo que aquello podía ser el final. Nuestras mentes hacían esfuerzos por comprender lo que estaba sucediendo. ¿Dónde estaban los momentos íntimos de despedida que había imaginado como parte de la muerte? La intimidad parecía algo del pasado y yo me irritaba ante la necesidad de relacionarme con mi padre ante una enfermera siempre presente. ¿Cómo podía decirle a papá con palabras lo mucho que había significado para mí? ¿No sería eso como admitir la verdad de lo que el médico le había dicho? Así que derramé mis lágrimas en privado.

Nos esforzamos por adaptarnos, a medida que las relaciones en nuestra familia experimentaban cambios inesperados. Mamá invirtió su papel: hasta entonces, papá siempre se había ocupado de todo; ahora, dependía de ella para que lo cuidara. Una cama de hospital, en una habitación separada, sustituyó a la cama de matrimonio que ambos habían compartido durante cincuenta años y miraras adonde mirases, veías escupideras, tubos de oxígeno, vasos de agua con pajitas y platos con comida apenas probada.

Con las visitas de los médicos, los análisis de sangre, los cambios de la ropa de cama y los baños, papá parecía disponer de pocas horas al día en las que pudiera sentirse realmente tranquilo. Y, además de estas distracciones constantes, jadeaba continuamente. No encontraba consuelo y siempre andaba removiéndose inquieto entre las

sábanas, las almohadas y las posiciones de las piernas.
Nada de lo que yo pudiera hacer parecía aliviarle y
suponía un raro respiro cada vez que papá podía deslizarse hacia algo apenas más profundo que una inquieta
duermevela. Papá no murió. Resistió, pero la recuperación no se
produjo con rapidez. Aunque finalmente consiguió recuperar cierta fortaleza física, sigue necesitando atención
durante las veinticuatro horas del día y ha sido difícil
volver a encender su, en otro tiempo, intenso interés por
la vida. El médico no hace más que decirnos que la recuperación se producirá con el tiempo, pero esas palabras
ya parecen vacías. Antes de la enfermedad, papá siempre había mantenido el control sobre su vida. Ahora sólo es un pequeño
mundo, aunque él continúa controlándolo bastante: si
una quiere sacarlo a dar un paseo, hace demasiado frío, si
la enfermera desaparece por un momento, está pendiente
del reloj para indicarle cuántos minutos ha tardado, si son
las tres de la madrugada y le parece que es el momento
más adecuado para ducharse, es imposible hacerle regresar a la cama. Un día intenté ponerle loción en su piel,
reseca y escamosa. «Demasiado grasienta», me dijo, así
que dejé la botella a un lado. A medida que transcurre
el tiempo he tenido que aceptar mi incapacidad para
aliviar su dolor, confiando en que mi presencia le trans-
mita de algún modo lo que no puedo conseguir con mis
acciones . . .

Joan se siente privilegiada de poder atender a su padre, pero admite que, en ocasiones, se siente desesperadamente inadecuada y está segura de que sin los lazos de amor que mantienen unida a la familia, las inevitables tensiones no tardarían en producir resquebrajaduras e incluso profundas fisuras.

Teniendo en cuenta los desafíos que surgen en tales situaciones, resulta fácil comprender por qué las familias que empiezan a cuidar de alguien en su hogar terminan a menudo por recurrir a una residencia o servicio de atención sanitaria. Eso no es nada de lo que avergonzarse: cualquiera que haya atendido a alguien con una enfermedad crónica sabe que, finalmente, eso se cobra un precio. Sin embargo, del mismo modo que la tarea más humilde puede convertirse en un privilegio si se realiza con amor, también una decisión difícil se puede hacer soportable si se toma con compasión y sensibilidad.

Trágicamente, ambas cosas suelen brillar por su ausencia o sólo están presentes en palabras, con el resultado de que muchos ancianos se sienten no queridos y abandonados. No es nada extraño que gran número de ellos se sientan como una carga para sus familias, que muchos que se jubilan pronto se cansen de vivir y que ya no sea ningún tabú, sino más bien algo corriente, hablar del «derecho» de los enfermos terminales a morir. ¿Cuántas personas lucharían por eso si tuvieran garantizado el derecho a una atención decente en el final de sus días, el derecho a ser amados?

Un reciente artículo que me enviaron desde Inglaterra cita a un médico, que se defendió de la acusación de haber ayudado a una enferma a suicidarse, diciendo: «Podría haber tardado otra semana en morir y necesitaba la cama que ocupaba». Esa clase de incidentes se producen ahora en todos los países avanzados, algo especialmente trágico si tenemos en cuenta cuánto tiene que aportar cada persona anciana, por frágil, discapacitada o desorientada que se sienta. Incluso una persona senil puede contribuir con algo, simplemente mediante su presencia, siempre y cuando quienes la rodean tengan la paciencia y la humildad para recibirlo.

Cuando era un escolar en el pueblo paraguayo donde me crié, acostumbraba a ayudar a Bernard en los establos, donde trabajaba. Bernard se entendía muy bien con los caballos y parecía tan fuerte como un buey, razón suficiente para convertirlo en uno de los héroes de mi infancia. Décadas más tarde, cuando ya tenía setenta y cinco años de edad, lo conocí de una forma muy diferente. En otro tiempo un hombre bien fuerte, con una amplia variedad de intereses (aparte de su afinidad con los animales era también un ávido jardinero con unos impresionantes conocimientos de química y biología), sufría ahora los primeros estragos de la enfermedad de Alzheimer y estaba perdiendo lenta pero irreversiblemente todas sus habilidades y facultades.

A medida que progresó la enfermedad en Bernard aumentó su frustración: perdió su capacidad para hacer cosas sencillas como preparar el té; le empezó a fallar su sentido de la orientación, no tenía ni idea de qué día o qué hora era. Pronto no pudo ni siquiera comunicar sus necesidades más básicas aunque sólo había que leer la expresión de sus ojos para sentir su dolor. Hacia el final ni siquiera podía reconocer a los miembros de su propia familia, incluida Eileen, su esposa durante cincuenta años. Pero Bernard nunca perdió su sonrisa, una mueca amplia y lenta que encendía su rostro como si le acabara de ocurrir algo feliz. Y nunca perdió tampoco su amor por los niños. De hecho, reservó su última sonrisa para un bebé que trajo un vecino que pasó a verlo.

Lo mismo que Bernard, mi suegra, Margrit, estaba completamente incapacitada cuando murió: sufrió la enfermedad de Lou Gehring durante los últimos trece años de su vida, ocho de los cuales se vio básicamente recluida en la cama.

Bendecida con once hijos y más de sesenta nietos, Margrit era una trabajadora incansable que parecía tener una capacidad especial para hacer las cosas. También fue una mujer con talento, como podía observar cualquiera que la hubiese escuchado dirigir un coro o una orquesta (había estudiado violín en un prestigioso conservatorio europeo). Sin embargo, al pensar en ella, me viene a la memoria el viejo dicho alemán: «Las aguas tranquilas son profundas». En contraste con su esposo, un animado conversador, era tan humilde que cuando se le pedía su opinión sobre algo se limitaba a sonreír y decía: «Yo escucho». Pero no lo hacía así porque fuese tímida. En realidad, poseía una seguridad en sí misma que hablaba más alto que las palabras que pudiera decir.

Para mí, los últimos años de Margrit destacan la importancia de cuidar de los ancianos y no sólo en el sentido de ayudarles o nutrirles, sino también en el de aprender a permanecer atentos a los regalos que nos devuelven. Mientras que otro músico hubiese lamentado la erosión de sus habilidades, ella no lo hizo así sino que, antes al contrario, aceptó humildemente sus nuevas limitaciones. Finalmente, se sintió tan frágil que únicamente podía hablar haciendo un gran esfuerzo. Ya no podía hacer nada por sí sola, pero aún seguía tomando las manos de quienes la visitaban, que rodeaba con las suyas y seguía hablándoles, aunque en silencio, con su mirada amorosa. Y, como le susurró un buen día a una enfermera: «Todavía puedo rezar». A través de todo eso nos recordaba que, en contraste con los orgullosos logros de su juventud, en la simplicidad del amor hay algo que el tiempo nunca puede destruir.

Sin que importe la edad o el estado de una persona moribunda, estoy convencido de que todas poseen un destello de ese amor. Es posible que esté oculto, o que sea difícil de encontrar. Pero si realmente nos importa esa persona, no dejaremos de buscarlo. Y, una vez que lo hayamos encontrado, soplaremos sobre su rescoldo hasta que brote la llama y así lo alimentaremos hasta el final.

17

Morir

Hans, el padre de mi esposa, efectuó viajes desde Connecticut a Europa incluso ya bien entrados los ochenta años. Erudito autodidacta, apasionado por la historia y la religión, no estaba dispuesto a permitir que la edad se interpusiera impidiéndole asistir a conferencias y realizar giras. Si encontrarse con gente interesante significaba tener que salvar en avión grandes distancias, que así fuera. Después de todo, viajar no le agotaba, sino que más bien le rejuvenecía. Un familiar predijo sobre él: «Cuando muera, lo hará con las botas puestas».

La Nochebuena de 1992, cuando ya tenía noventa años de edad, Hans estaba sentado sobre una bala de heno, con una capa de ovejero sobre los hombros y un cayado de madera en la mano, tras haberse presentado como voluntario para representar el papel de pastor en la Navidad, al aire libre. Al sentir el frío, pidió que lo llevaran dentro y, poco después, alguien lo tenía que llevar de regreso a casa en el coche, a pesar de que sólo estaba a muy poca distancia. Pero Hans no consiguió llegar. Al detenerse el coche ante la casa, cuando el conductor le abrió la portezuela para que bajase, Hans ya no estaba con vida.

Perder inesperadamente a un amigo o familiar siempre produce una conmoción. Pero si se trata de una persona anciana que ha vivido una vida plena, también puede ser una bendición. Seguramente, si pudieran elegir, la mayoría de la gente elegiría morir como Hans: feliz y rápidamente. Pero son pocos los que siguen ese camino. Para la mayoría, el fin llega gradualmente.

Morir significa casi siempre una dura lucha. Parte de esta lucha está compuesta por temor, que a menudo hunde sus raíces en la incertidumbre de un futuro desconocido e imposible de conocer. Otra parte puede deberse a la urgencia de cumplir obligaciones no realizadas o a la necesidad de liberarse de lamentaciones o culpabilidades pasadas. Pero otra parte también se debe a nuestra resistencia natural ante el pensamiento de que todo aquello que conocemos está a punto de llegar a su fin. Llámesele instinto de supervivencia, voluntad de vivir o como se quiera, el caso es que se trata de una poderosa fuerza

primigenia. Y, excepto en casos raros, como por ejemplo
aquellos que mueren en un estado de sedación a causa de
los medicamentos, puede proporcionar a la persona una
resistencia extraordinaria.

Maureen, una vieja amiga de unos noventa y cinco
años, se cayó y se rompió una cadera hace dos años;
desde entonces ha muerto su hermana menor y también
uno de sus hijos. Ella misma se ve obligada a permanecer
en cama durante la mayor parte del día y confinada en
una silla de ruedas durante el resto del tiempo. A pesar
de ello, esta «dura y vieja lechuza», como se llama a sí
misma, que gusta de conmocionar a quienes la visitan
introduciendo a hurtadillas un pequeño ratón de goma
en el café, tiene más chispa que mucha gente con la mitad
de su edad. Tras haber alcanzado su objetivo anterior
de llegar al año 2000, ahora bromea diciendo que tiene
la intención de quedarse por aquí hasta los 100 años. Al
resistirse a la vejez con cada fibra de su ser, ha conseguido
mantenerse literalmente viva.

Luego está Esther, la hijastra de una de mis hermanas, a la que se le diagnosticó un cáncer agresivo cuando
tenía diez años. En cuestión de muy pocos días, esta
niña tan animada, a quien le encantaba saltar a la comba,
jugar al escondite y montar a caballo con su padre, se
vio recluida en una cama. Poco después se le tuvo que
amputar una pierna. Esther lloró, luego hizo un esfuerzo

por volver a ser ella misma y pidió que le pusieran una prótesis. «Estaré caminando por Navidad; sólo tenéis que esperar y ya veréis», prometió. Más tarde, se quedó ciega. Una vez más, se negó a dejarse acobardar y habló de seguir tomando lecciones de piano. Alegre y valerosa, no murió de cáncer, sino que, en realidad, luchó contra él hasta el final.

Con la voluntad de vivir, la persona puede superar situaciones increíbles. Pero a la muerte no se la puede evitar continuamente y la vida física ha de llegar por último a su final. Por extraño que parezca, nuestra cultura se resiste a aceptar esta verdad. En Florida, miles de ancianos se congregan en comunidades de jubilados donde bailan, se citan, hacen ejercicio y toman baños de sol, además de pagar sumas exorbitantes por limpiezas faciales que mantengan el aspecto de la juventud perpetua. Nadie negaría a los ancianos la oportunidad de divertirse o de «vivir plenamente la vida». Pero, al mismo tiempo, hay algo de perturbador en actuar como si se tuvieran veinte años, cuando en realidad se tienen setenta, como si esa pretensión fuera suficiente para eliminar las arrugas y la enfermedad cardíaca, la incontinencia y la pérdida de memoria.

En los siglos pasados, la peste, el hambre y el cólera diezmaban las ciudades y, tarde o temprano, cada familia se veía afectada por la muerte de una mujer durante el parto o la pérdida de un bebé. Según señala el escritor Philip Yancey: «Nadie podía vivir como si la muerte no existiera». En la actualidad, gracias a la medicina moderna, a las mejoras en la alimentación, la sanidad pública y una mayor expectativa de vida, la muerte ya no parece aquella otra realidad inevitable de antaño y, cuando no podemos evitarla, la ocultamos. Yancey dice al respecto: «Los clubes de salud se han convertido en una industria en expansión, lo mismo que la nutrición y las tiendas de dietética. Tratamos la salud física como una religión al mismo tiempo que nos alejamos de todo aquello que nos recuerda la muerte: funerarias, unidades de cuidados intensivos, cementerios, etc.».

Al mantener esos tabúes, hemos eliminado en buena medida la muerte de nuestra experiencia cotidiana. Pero esa moneda también tiene otra cara: hemos perdido la habilidad para aceptar el final de la vida cuando esta se produce finalmente. No quiero decir con ello que debamos restar importancia a los temores de un moribundo, induciéndole a aceptar la muerte como una amiga, tal como hacen algunos expertos. Hay muy buenas razones para ver la muerte como una enemiga, que es como la describe la Biblia. Lo mismo que el autor de los Salmos, que ruega que la mano de Dios lo mantenga firme mientras cruza por el «valle de la sombra de la muerte», a la mayoría de la gente no le hace ilusión morir, sino que más bien lo contempla con recelo. Incluso mi tío Herman, a pesar de que murió muy seguro de sí mismo, se tuvo que esforzar para llegar a ese punto y admitió su temor de que aquello sería como entrar en un túnel largo y oscuro.

Se ha escrito mucho acerca de cómo consolar al enfermo terminal, pero habría que recordar que cada individuo tiene necesidades y deseos únicos. Una persona se mostrará habladora y nerviosa, otra serena y ensimismada y otra completamente angustiada. Una se sentirá deprimida, otra tratará de negociar con Dios y otra estará tranquila. Todas éstas son respuestas normales y ninguna de ellas es acertada o está equivocada. Después de todo, morir es un proceso complejo que afecta a un complicado y enmarañado espectro de emociones humanas: terror, ansiedad y agotamiento, esperanza y alivio. Todos esos sentimientos afectan no sólo al moribundo, sino también a quienes le rodean.

Es importante considerar el ambiente que rodea al moribundo. Un hospital puede ser el mejor lugar para recuperarse de una operación quirúrgica, pero no es precisamente el lugar ideal para morir. Para empezar, lo más probable es que no iguale la familiaridad y la comodidad de un hogar; además, las horas de visita no permiten la llegada y salida espontánea del estrecho círculo de amigos y familiares íntimos. En ocasiones, resulta angustiosamente difícil tomar la decisión entre el hogar y el hospital. Para una persona será tranquilizador el ambiente altamente tecnificado de la unidad de cuidados intensivos, mientras que, para otra, ese laberinto de cables y tubos y el sonido constante de los monitores electrónicos le impedirá conciliar el sueño. En cualquier caso, será vital tratar de discernir los deseos del moribundo, para comunicarlos al médico que le atiende, aun cuando vayan en contra de nuestra opinión e incluso ante el riesgo de una mala interpretación. La tecnología médica ha realizado grandes avances en los últimos años pero, más allá de un determinado punto, no hace sino prolongar la muerte, en lugar de ampliar la vida. Y la línea que separa ambas cosas suele ser muy delgada.

Naturalmente, un ambiente privado tampoco es garantía alguna de tener una muerte pacífica. Cuando los hijos adultos que no se han visto en varios años se reúnen en casa de un progenitor moribundo, se producen tantos enfrentamientos como situaciones armónicas. Y cuando intervienen los testamentos y últimas voluntades pueden surgir a la luz hasta las tensiones más cuidadosamente ocultadas. Por ello es tan importante que, al entrar en la estancia de alguien que se halla cerca de la muerte, seamos conscientes de su necesidad de paz y la respetemos. Nunca se insistirá lo suficiente al decir que el lecho de muerte no es el lugar adecuado para sacar a relucir viejos agravios, como tampoco es el sitio donde presionar tardíamente en favor de una reconciliación. La situación es bien diferente cuando el moribundo siente la necesidad de resolver algo o si podemos enderezar algo ofreciendo una sencilla disculpa. Según Maggie Callanan, enfermera en una residencia de ancianos y coautora del libro *Regalos finales,* las necesidades emocionales del moribundo son a menudo tan dolorosas como sus afecciones físicas y la incapacidad para abordarlas puede dejarlo tan desequilibrado que se sienta incapaz de morir. Al recordar a un moribundo veterano de la guerra de Vietnam, a quien ayudó, escribió:

Un día recibí una llamada urgente de la enfermera de servicio.

«Procura venir pronto —me dijo—. Todo parecía estar saliendo bien, pero Gus se siente ahora muy confuso y angustiado y lo estamos perdiendo.»

«No, apuesto a que finalmente lo estamos recuperando», pensé para mis adentros. Me había venido preguntando durante cuánto tiempo podría mantener Gus aquella fachada de tipo duro. Estaba convencida de que, en ocasiones, debía de sentirse asustado, aunque no quisiera hablar de ello ni permitiera aflorasen sus temores.

Cuando llegué, la escena era caótica. Gus lloraba desconsoladamente, sumido en la angustia y hablaba tan entrecortadamente que apenas se le entendía. Pero entre sus confusas palabras escuché algunas como «pueblos», «bebés», «napalm», «quemados» y las trágicas palabras finales: «¡Yo lo hice! ¡Yo lo hice!».

Finalmente, quienes atendían a Gus imaginaron que deseaba ver a un capellán, una petición que se apresuraron a cumplir. Gus murió poco después, aliviado por haber podido descargar su alma ante un sacerdote local.

En ocasiones, la angustia del moribundo hunde sus raíces en la preocupación de que nadie sepa por lo que está pasando . . . o de lo que otros están a punto de pasar. Ese temor puede estar presente incluso en personas que se hallan rodeadas por un gran círculo de amigos y familiares. Citaré una vez más un fragmento de *Regalos finales*:

Muchos moribundos se sienten solos, no sólo porque la gente no les visita, sino por lo que sucede cuando esas visitas se producen. Las visitas pueden dedicar el tiempo que pasan con el moribundo enfrascadas en conversaciones superficiales en las que se habla del tiempo, de deportes o de política, quizá porque, consciente o inconscientemente, esa es la intención, evitando que la cháchara permita al moribundo hablar íntimamente consigo mismo. El mundo del moribundo se encoge, se estrecha a unas pocas relaciones importantes y al progreso de su enfermedad. Cuando no se le permite hablar sobre lo que le sucede, se siente solo, aunque se encuentre rodeado de personas que le ofrecen su cariño y preocupación. Es posible que entonces se sienta solo y abandonado y que eso le induzca al resentimiento y el enfado.

Claro está que la conversación superficial y breve y el buen humor ocupan un lugar junto a las oraciones; nada hay más opresivo que una santidad antinatural. Pero mucho más significativo que las palabras son los sencillos actos de amor, como un paño empapado para refrescar una frente ardiente, una mano extendida para sostener un hombro tembloroso, un ungüento aplicado para hidratar unos labios resecos. Esos actos de amabilidad, aunque modestos, son los que desean o necesitan la mayoría de las personas al final. Helen Prejean, una monja que acompañó hasta el cadalso a condenados a muerte, observa que aun cuando no se pueda hacer nada, debe procurarse que al menos un rostro de los que vea el que va a morir le consuele con sus miradas de amor.

Lamentablemente, el moribundo suele expirar solo. En ocasiones, una persona parece deslizarse hacia el final, pero se mantiene durante semanas o meses. En otros casos, la persona parece que se va reponiendo cuando sorprende a todos al morir repentinamente. Resulta muy interesante la observación de quienes trabajan en residencias de ancianos, según la cual cuando a la persona le preocupa que su muerte angustie a sus seres queridos, procura evitársela esperando a morir cuando esté sola y sólo entonces exhala su último suspiro.

Hace unos años, el día en que murió Rob, un viejo amigo, llamó a su esposa e hijos a su habitación, les dijo lo mucho que les amaba y expresó buenos deseos para su futuro. Murió pocas horas más tarde. Brad, otro buen amigo, no pudo despedirse. Al caer enfermo, sus hijos (todos ellos adultos) recorrieron grandes distancias para verlo una vez más. Uno de ellos se quedó continuamente a su lado, preparado para llamar a los demás con celeridad. Sin embargo, cuando llegó el momento final, fue todo tan rápido que la mayoría de los hijos de Brad no estaban en la casa. Todos se sintieron profundamente decepcionados y algunos incluso culpables.

Al tratar de ayudar a esta familia a superar su dolor, les tranquilicé diciéndoles que tanto si estamos presentes como si no, nadie se encuentra verdaderamente solo en el momento de la muerte. Antes al contrario, estoy convencido de que los moribundos siempre están en manos de Dios.

Al recordar la última noche pasada con un paciente que murió de cáncer, un médico al que conozco escribió en su diario:

Aunque confuso de modo intermitente, Mark hizo varios comentarios lúcidos intercalados entre sus angustiosos jadeos. En un momento determinado, dijo algo sobre «ir» a alguna parte, a lo que repliqué:

«Sí, puedes ir, ¡Jesús te llevará!».

«Pero, ¡es tan duro!», respondió.

«No te aferres a nosotros. ¡Aférrate a Dios!», le dije.

«Lo intento —replicó—. Pero no sé qué hacer a continuación. ¡Es todo tan desconocido!»

«Sí, pero tú te vas antes que nosotros —intervino su madre—. Luego podrás decirnos cómo llegar allí.»

Más tarde, Mark le pidió a su padre que le leyera algo de la Biblia, lo que así hizo. Al terminar la lectura de Romanos 8, Mark dijo: «¡Quizá vendrá Jesús!». Varios de nosotros contestaron: *«¡Vendrá!»*.

Más tarde, dijo en voz bastante alta: «¡Ya no puedo esperar más!».

Durante la media hora siguiente, la respiración de Mark se hizo más laboriosa, aunque seguía diciendo algo a cada pocos minutos. A veces sólo era una palabra y en otras ocasiones una frase entera, pero dicha de forma apresurada, entre jadeos y difícil de comprender. Tenía los ojos abiertos, pero ya no parecía vernos: «Esto es una gran lucha . . . ¡No sabéis lo cansado que me siento! Patético . . . No concentrarse . . . más que en lo espiritual». Y más tarde: «Tengo que irme . . . Jesús . . . ¡Qué extraño! Muy real . . .».

Tras una pausa, añadió: «Me siento realmente mal, pero ahora ya no puedo hacer nada». Le aseguramos que todo aquello que lamentase le sería perdonado, que Dios lo acogería en su seno y que eso se produciría pronto. Luego, Mark pidió agua y dijo: «Tengo que marcharme muy pronto... Uno de mis mejores días...».

Expiró una hora y media después.

Tal como enseña la historia de Mark, morir es un misterio ante el que podemos hacer bien poca cosa, excepto contemplarlo con reverencia. Si alguien lucha por la vida, podemos sostenerlo y luchar con él; si parece estar dispuesto a morir, podemos asegurarle que lo comprendemos y dejarlo marchar. Aparte de eso, sin embargo, debemos quitarnos de en medio. Y lo digo así porque, en último término, nada es tan crucial en la cama de un moribundo como crear a su alrededor un ambiente de paz. Mientras nos concentremos en nuestros intentos por aliviarle el dolor, nos arriesgamos a interrumpirlo y a distraerlo, impidiéndole así encontrar esa paz.

Cuando la vida llega a su fin, todo se desvanece, al margen de lo importante que pudiera haber sido hasta entonces. Y cuando ha desaparecido ya nada importa, excepto el estado del alma. No podemos mirar en el corazón de una persona y tampoco es cosa nuestra preocuparnos por cómo se presentará ante Dios. Pero al abrir los ojos y los oídos a aquello por lo que esa persona está pasando, podemos compartir su sufrimiento permitiendo que sea nuestro y podemos rezar para que encuentre misericordia y gracia. Finalmente, debemos permitir que el moribundo se marche, confiando, según expresa Henri Nouwen, en que «la muerte no tenga la última palabra. Podemos observarlos . . . y darles esperanza, podemos sostener sus cuerpos en nuestros brazos. Y podemos confiar en que unos brazos muchos más poderosos lo recibirán y le darán la paz y la alegría que desean».

18

Dolor por la pérdida

Al margen de cuáles sean las circunstancias en las que muera una persona, solemos echar mano de los mismos y viejos estereotipos. Probablemente, ello se debe en parte a nuestro temor a herir a alguien diciendo «algo equivocado». Pero también se debe en parte a que nos sentimos tan abrumados por las emociones, que no sabemos qué pensar. Una buena parte de ello, sin embargo, se debe a la incomodidad general que experimentamos ante el dolor por la pérdida de un ser querido.

Para la mayoría de nosotros, la cruda realidad de perder a alguien (o de ver que alguien sufre esa pérdida) es demasiado fuerte como para afrontarla plenamente y con sinceridad. Eso exige vulnerabilidad, la admisión de debilidad, dependencia y el temor de haber llegado al límite de nuestras fuerzas, y debido a eso tratamos de alejarlo de nosotros o lo desviamos recurriendo a frases hechas. Y, cuando eso no funciona, lo tratamos como un parachoques: aminoramos la velocidad porque tenemos que hacerlo, pero luego enseguida volvemos a acelerar.

A veces, lo hacemos por nosotros mismos, con la esperanza de que si podemos recuperarnos y «seguir adelante», podremos limitar nuestro dolor. En otras ocasiones nos preocupa lo que puedan pensar de nosotros los demás si no nos recuperamos pronto y entonces enmascaramos nuestro dolor, reprimiéndolo en silencio.

A pesar de lo habitual que es afrontar de este modo el dolor por la pérdida de un ser querido, no funciona. Si se oculta, se evita, se retrasa, se finge que no está ahí, el dolor nunca desaparecerá a largo plazo hasta que se afronte reflexivamente y se le permita seguir su curso. Dadas las singulares circunstancias que configuran cada pérdida, el tiempo que se tarde en conseguirlo variará con cada persona. Trágicamente, no siempre disponemos de ese tiempo, como descubrió Gina, una joven a la que conozco.

Hace varios años, cuando murió Tom, el hermano de Gina, con 16 años, a consecuencia de una sobredosis, ella se sintió destrozada. «En cierto modo, creo que todavía no lo he superado», dice. Los amigos y conocidos se mostraron muy comprensivos al principio, pero al cabo de un tiempo se cansaron de la incapacidad de Gina para «seguir adelante» y la hicieron sentirse culpable por el hecho de seguir luchando:

Intenté explicarme pero en realidad nunca me entendieron. Parecía como si esperasen que mi vida volviera a ser «normal». A menudo pasé por períodos de tristeza, amargura y otras emociones dolorosas, pero la gente se sentía incómoda con eso. Me quedé muy sola.

Seis meses después de la muerte de Tom murió un buen amigo suyo. Sentí mucho dolor. Pero al hablarle a uno de mis amigos de cómo me sentía, me dijo que estaba preocupado por mí. Creía que a estas alturas ya debería haber «dejado atrás todo eso», lo que no hizo sino presionarme para sentir lo mismo.

Creo que lloré en el aislamiento y la confusión la muerte de mi hermano y de su amigo. Intenté encontrarle un significado a sus muertes, pero fue muy duro. Todo el mundo seguía diciendo que no deberían haber muerto.

En un reciente libro de entrevistas sobre la muerte, Studs Terkel narra una conversación que mantuvo con Myra, una mujer que experimentó la misma falta de comprensión tras la muerte de su madre. Tenía la sensación de poseer el derecho a lamentar su pérdida, mientras que las expectativas de los demás seguían evitándola. Al decir que se sentía «desposeída», Myra explicó:

Significa que, supuestamente, una no debe sentir dolor y que, si lo sientes, no debes demostrarlo. Cuando murió mi madre yo ya tenía casi sesenta años y ella ochenta y uno. La gente acudió para dar el habitual pésame y escuché así las frases más corrientes: «Después de todo, tuvo una buena vida», «No deberías sentirte tan apenada». Todo eso no son más que tonterías. Precisamente por eso no podemos manejar muy bien la muerte. Con el duelo, pretendemos convertirlo en algo que pasa con rapidez y nadie quiere entretenerse demasiado con eso. Lo que quieren los demás es que una lo deposite como se hace con el dinero en un banco.

No es nada extraño que tanta gente sienta la necesidad de superar con rapidez el dolor por la pérdida de un ser querido y lo aceptemos noblemente. Eso, sin embargo, es imposible de hacer para la mayoría y, según mi experiencia, incluso aquellos que se endurecen y aparentan surgir intactos de la situación, descubrirán tarde o temprano que no pueden curarse verdaderamente sin concederse un tiempo para experimentar el dolor. Después de todo, el dolor es la necesidad innata de seguir amando a alguien que ya no está entre nosotros y de seguir recibiendo su amor. En la medida en que nos contenemos (o permitimos que alguien nos contenga) y dejamos de exteriorizar esta necesidad de expresión, seguiremos sintiéndonos frustrados y nunca llegaremos a curar. En otras palabras, el dolor por la muerte de un ser querido es la respuesta natural del alma ante la pérdida y no se debería reprimir. Anne Morrow Lindbergh, cuyo hijo fue secuestrado y asesinado cuando era un bebé, escribió:

> Hay que experimentar el dolor y pasar por momentos de insensibilización que son todavía más duros de soportar que el propio dolor. Hay que negarse a seguir las fáciles escapatorias que nos ofrecen la costumbre y la tradición humanas. Los primeros y más habituales ofrecimientos de la familia y de los amigos son siempre distracciones («Sácala de casa, que se distraiga», «Llévatela de aquí», «Cambia de ambiente», «Fomenta las visitas que la animen», «No la dejes sentarse y llorar»), cuando es precisamente el duelo y el llanto lo que una necesita.

> El valor es un primer paso, pero limitarse a encajar el golpe con valentía no es suficiente. El estoicismo es valeroso, pero sólo supone haber recorrido la mitad de un largo camino. Es un escudo protector, permisible únicamente durante un corto tiempo. Al final, una tiene que descartar los escudos y permanecer abierta y vulnerable.

Quizá parezca cruel aconsejar a una persona afectada por la pérdida de un ser querido que se mantenga más abierta al dolor, como hace Lindbergh. Después de todo, la mayoría de nosotros nos protegemos instintivamente, una vez heridos, retirándonos de la refriega. Y no es nada fácil resistirse a esa tentación. Y, no obstante, he visto que cuando una persona se somete voluntariamente al dolor, eso puede actuar como un crisol que transforma. Existe un truco, claro: la necesidad de humildad. Cuando sólo se acepta de mala gana, el dolor por la muerte de un ser querido termina en resentimiento, amargura, soledad y rebelión. Soportado con humildad, sin embargo, el alma se vacía de sus propias agendas de curación, la limpia de autosuficiencias y deja así espacio para algo nuevo.

Para los padres de Matt, el joven cuya historia narré al principio de este libro, el dolor por su pérdida fue ocasión para un autoexamen y para la oración, y les hizo sentirse más unidos y más cerca de Dios. Según dijo Randy, el padre de Matt, poco después de la muerte de su hijo: «Es una gran tentación arrojarme en brazos de mi trabajo, de mi ritmo diario o de lo que sea. Pero no puedo hacer eso si lo que quiero es sacar algo en claro de todo lo ocurrido. Dios nos habló a través de la enfermedad y de la muerte de Matt y no quiero "superarlo". Quiero que eso me desafíe y me cambie durante el resto de mi vida».

Tradicionalmente, el primer paso del duelo consiste en preparar el cuerpo para la vista y luego para su entierro o cremación y para Nick, el hermano de Matt, ese fue un paso importante para aceptar la pérdida sufrida:

El duelo es duro, pero puede acercarte a otras personas. Mi padre y yo ayudamos a amortajar a Mart cuando murió y el médico nos hizo tener la sensación de que podíamos ayudar, aunque nos dijo que no teníamos por qué hacerlo si no queríamos. Estuvo muy bien incorporarnos al proceso en lugar de retroceder y observar cómo sucedía todo. Cuando sólo eres un observador, creo que uno termina por sentirse insensible.

Asustaba mucho ponerle a Matt la ropa y notar su cuerpo fláccido, pero, al mismo tiempo, no me lo habría perdido por nada del mundo. Era el último servicio que podía hacer por él, el último acto de amor.

Si te limitas a alejarte de la muerte, apenas si puedes hacer otra cosa que decir: «¡Caramba! ¿Qué ha ocurrido?». Pero si puedes decir: «Hice algo y *sé* lo que hice», eso tiene significado.

Nick observa que el luto puede ser una fuente de conexión con otros y puedo atestiguar que eso es cierto. Tomemos los servicios funerarios, por ejemplo: no sólo no son dolorosos, sino curativos para quienes asisten. Ello se debe a una sencilla razón: al invitar a amigos y parientes a participar a contemplar el cuerpo de alguien a quien amamos, para luego dejarlo descansar en el cementerio o en cualquier otro lugar de enterramiento, estamos permitiendo que los asistentes compartan nuestro dolor.

Desgraciadamente, estas antiguas costumbres están desapareciendo y no sólo por consideraciones pragmáticas, sino porque disminuye el aprecio que se siente por su poder simbólico. Al hablar de cómo cambian las prácticas en su pequeña ciudad rural del Medio Oeste, W. Paul Jones escribe:

Ahora son cada vez más las esquelas mortuorias publicadas en las que se indica la práctica de la cremación, *sin ningún otro servicio funerario.* Incluso aquí, en Ozark Hills, muchos de los muertos ya no tienen un lugar especial . . . El encargado de la funeraria me comentó que habitualmente dejan en sus manos el disponer de las cenizas, que puede diseminar por donde y cuando crea conveniente. Las utiliza para fertilizar sus rosales.

He leído que en otras partes también se dan tendencias similares: en varias grandes ciudades europeas son cada vez más los que eligen ser enterrados anónimamente (o que se disponga de sus cuerpos de cualquier otra forma), sin ninguna ceremonia de despedida.

Cierto que los funerales pueden suponer una gran tensión para los familiares, cuyos recursos financieros ya andan escasos. Pero uno no deja de preguntarse hasta qué punto el dinero es un factor limitador. ¿Y los que tienen muchos recursos y, a pesar de todo, no piden servicio alguno ni tumba determinada? ¿Se consideran como cargas o tienen la sensación de que únicamente se les toleró, sin que se les amara verdaderamente? ¿Se trata de que les falta el deseo natural de ser recordados por alguien, al menos de algún modo, una vez que se hayan ido, o de que incluso desean que se les olvide?

Cada familia debe encontrar su propio modo de despedir a los muertos y no sugiero con ello que una forma sea mejor que la otra. ¿Cómo podría serlo, cuando el trasfondo cultural y religioso varía tanto que lo que tiene un significado profundo para una persona, le puede parecer irreverente o de poco gusto a otra? De todos modos, estoy convencido de que todo ser siente una necesidad innata de saber que pertenece a alguien y que su existencia es celebrada. Precisamente por ello, estoy convencido de que, al margen de las circunstancias de la muerte, cada persona se merece la dignidad de una cariñosa despedida.

El 11 de septiembre de 2001, cuando se derrumbaron las Torres Gemelas de Nueva York, miles de familias que lloraban la pérdida de sus seres queridos se quedaron sin otra cosa que saber que esos seres queridos estaban seguramente muertos, pues en la mayoría de los casos no se encontraron los cuerpos ni hubo pruebas concretas de su muerte. Sólo quedaron agujeros: correspondencia sin abrir, un lugar vacío ante una mesa, una cama vacía.

Fue, por ello, tanto más conmovedor cuando, durante el servicio funerario celebrado varias semanas más tarde en el Bajo Manhattan, a cada una de las familias que asistió se le entregó un frasco con tierra extraída del lugar. Eso, que suponía algo más que un gesto simbólico, dio a los familiares algo que sostener entre las manos, que enterrar o guardar.

Todo el mundo responde de una forma diferente a los desafíos de la pérdida. En ocasiones, incluso dentro de una misma familia se producen choques de expectativas. Poco después de la muerte de mi madre, por ejemplo, mis hermanas y yo estábamos sentados en casa, con mi padre, tomando café. Hablábamos de nuestras familias y nos lo estábamos pasando bien. Papá, sin embargo, se sentía dolido por nuestras risas y quiso saber cómo podíamos volver tan rápidamente a la vida normal. ¿Acaso no nos dábamos cuenta de que él todavía se sentía dolido por la pérdida de mamá? ¿Por qué no hablábamos de su muerte con la misma seriedad?

Seguramente, el término «regreso a la normalidad» constituye un paso vital que conduce a la curación. Pero lo que aprendí ese día fue la importancia de respetar el dolor de quienes curan más lentamente que aquellos otros que les rodean. Randy, al que ya mencioné antes, habló de la tentación de regresar al trabajo lo antes posible, una necesidad que parecía bastante comprensible. Muchas personas dicen que el dolor por la muerte de un ser querido las volvería locas si no tuvieran un trabajo que hacer. Necesitan algo, cualquier cosa, que les obligue cada día a salir de casa y que les mantenga en marcha. Pero también hay otros muchos que no comparten este punto de vista. Incapaces de afrontar las obligaciones de horarios y compromisos previos, no pueden concebir el regreso a los «asuntos habituales» mientras todavía sienten un profundo dolor; hacerlo así sería como admitir que su duelo ha pasado cuando, en realidad, apenas acaba de empezar. Y cuando finalmente pasa y buscan un nuevo centro de atención en sus vidas, quizá descubran que salir del dolor no resulta más fácil que el propio dolor.

En sus memorias, *Ir hacia la luz*, Chris Oyler, cuyo hijo de once años murió después de contraer el sida tras una transfusión de sangre, escribe:

> Me gustaría decir que encontré consuelo en mi esposo y en mis otros hijos. Pero eso no es cierto. De lo que sí me di cuenta poco después de la muerte de Ben fue de que tenía que conocer de nuevo a mis hijos y a mi esposo. Habíamos aprendido a funcionar en medio de una crisis, aprendido a amarnos los unos a los otros a través de las lágrimas. Pero ahora teníamos que aprender a funcionar de nuevo en tiempos normales, cuando suenan los despertadores por la mañana y en casa hay trabajo que hacer por la noche.

Las familias en duelo suelen encontrar consuelo estableciendo conexiones con otras personas que están en sus mismas circunstancias. Parte de ello puede deberse al hecho de saber que las personas con las que entran en contacto deben de saber el dolor por el que están pasando y, por lo tanto, serán sensibles; pero otra parte también se debe a la satisfacción que proviene de devolver las condolencias y otras formas de simpatía que se han recibido previamente.

Varios meses después de la muerte de Merrill, cuya historia he contado en un capítulo anterior, su esposa Kathy se desplazó a otro lugar de Estados Unidos para apoyar a una mujer que acababa de perder a su esposo. Kathy me contó más tarde que, en lugar de revivir su propio dolor, aquella experiencia la ayudó a situarlo en la debida perspectiva.

Sidney y Marjorie, otra pareja, perdieron a su primer hijo cuando sólo tenía cinco semanas de edad; al día siguiente de enterrarlo, acogieron en su hogar a un niño al que otras personas habían maltratado gravemente. Algunos se preguntaron cómo podían afrontarlo, pero Marjorie dice que el niño fue para ellos un modo de derramar sobre él el amor que habrían ofrecido a su propio hijo de haber vivido este.

Después de que Delf, un antiguo profesor mío, atropellara accidentalmente a su propio hijo de dos años, matándolo, él y su esposa recorrieron el barrio de casa en casa, compartiendo su dolor. Algún tiempo más tarde entregaron las ropas y los juguetes del niño a una pareja pobre del barrio, que tenía un hijo de la misma edad.

No todo el mundo es capaz de transformar el dolor en una ocasión para la curación del alma. Después de haber perdido a su hijo, una pareja a quienes conozco recorrió varios cientos de kilómetros para visitar a otra pareja (a la que llamaré los Smith), que acababa de perder a su propia hija en circunstancias similares. Lamentablemente, los Smith estaban tan paralizados por el dolor que no fueron capaces de atenderles. Temerosos de que la pérdida sufrida por la pareja visitante fuese demasiado para ellos, además de su propia pérdida, ni siquiera cumplieron con sus deberes de anfitriones y recibieron fríamente a la pareja.

Alguien que no haya sufrido la muerte de un ser querido, quizá se apresure a considerar a los Smith como egoístas que sólo piensan en sí mismos. Pero eso sería despiadado. Las personas que se sienten profundamente heridas rechazan a menudo las expresiones de simpatía que aceptarían en cualquier otra situación y, en ocasiones, incluso se sorprenden a sí mismas al actuar así. No nos corresponde a nosotros el juzgarlas.

Del mismo modo, sería presuntuoso ofrecer explicaciones rápidas. Al escribir sobre lo ocurrido el 11 de septiembre de 2001, Ellyn Spragins observa que, debido a la naturaleza pública de las catástrofes de Nueva York y Washington, millones de personas de todo el país y de muchas partes del mundo, lamentaron las muertes durante las semanas siguientes. Spragins escribió en el *New York Times:* «Todos hemos rezado, hemos llorado y aprendido los nombres de algunas de las personas que murieron, y de las que dieron su sangre y enviaron dinero... El sufrimiento de personas extrañas se ha convertido en parte de nuestras propias vidas». Y, sin embargo, comenta, seguimos sintiéndonos perdidos: «¿Cómo desprenderse del dolor? ¿Cómo se cura la gente? Se tiene la sensación de que sería una falta de respeto e incluso un insulto tratar de esbozar una respuesta».

También sería arriesgado. Para empezar, el consejo más comprensivo y compasivo se podría interpretar como un desprecio; además, podría hacer que la persona a la que se intenta consolar se sintiera violenta. ¿Cómo se supone que ha de responder una madre cuando, después de haber perdido a su bebé, alguien que pretende ayudarla le dice que Dios «debe de haber necesitado otro ángel»? Lo primero que necesita toda persona que lamenta la pérdida de un ser querido es un brazo alrededor de los hombros y el permiso para llorar.

Recientemente, una conocida me dijo que tras la muerte de su madre acudió a mis padres, sollozando, vertiendo sobre ellos todo su dolor. Ellos la escucharon durante largo rato. Finalmente, mi padre le dijo con voz serena: «Te comprendo». Eso fue todo. Pero para aquella mujer significó mucho más que todas las palabras de sabiduría que otras personas le habían intentado transmitir.

Cuando Matt, el hijo de Linda, se estaba muriendo de cáncer, ella encontró un libro en el que Henri Nouwen había escrito: «Un silencio comprensivo puede llegar más profundamente al interior de nuestra memoria que muchas palabras de consuelo», y descubrió que aquello le hacía comprender. El verano anterior ella y su esposo habían pasado varios días con Brad y Misty Bernall, cuya hija, Cassie, fue asesinada en la infame masacre de la escuela superior «Columbine», en abril de 1999.

Al hablar del tiempo que había pasado visitando a Misty, Linda recuerda la frustración que sintió al tratar de consolarla, al tiempo que se preguntaba qué estaba haciendo. «Hubo muchos silencios entre nosotras — recordó—. A veces comprendía la necesidad de aquellos silencios, pero en otros momentos me preocupaba que estuviera enojada conmigo.» Ahora, Linda comprende bien la incapacidad que tuvo Misty para hablar: «Puesto que, simplemente, no hay palabras que hagan sentir mejor al otro, el silencio es a menudo lo que más se desea y necesita». Linda sigue diciendo:

Un año más tarde, durante los últimos meses de vida de Matt, sabía que Misty pensaba en mí y también sabía que sufría, de nuevo por sí misma y ahora también por mí. No hubo palabras entre nosotras, pero me sentí cerca de ella en nuestro silencio. En varias ocasiones tomé el teléfono para llamarla, pero no pude. No había nada que decir. Si hubiera podido verla, habríamos derramado lágrimas, pero no creo que hubiésemos intercambiado muchas palabras.

Tres semanas después de la muerte de Matt, Brad y Misty nos enviaron un hermoso ramo de flores, con una tarjeta que decía: «Rezamos por ustedes». Pensé en lo difícil que debería haber sido para ella visitar la floristería y, dejándome llevar por un impulso, decidí llamarla para darle las gracias. Pensé que, esta vez, lo podría hacer por teléfono.

Llamé y conecté con el contestador automático, así que dije: «Hola Misty, soy Linda. Gracias por las flores. Te quiero». Luego, ya no pude seguir. Su dolor . . . mi dolor . . . ¿qué más se podía decir? Me emocioné y colgué rápidamente.

El día antes de la muerte de Matt, Linda pasó mucho tiempo en el salón, sentada tranquilamente en el sofá, con una amiga. Pocos días más tarde, aquella misma amiga regresó, esta vez en compañía de otra mujer, y las tres se tomaron de las manos mientras las lágrimas corrían por sus mejillas. «No hay nada más especial que estar con alguien en el más absoluto silencio, sabiendo que cada uno siente el dolor del otro —dice Linda—. Es una expresión del amor más profundo.»

Las generalizaciones no suelen ser útiles, pero hay algo sobre el dolor por la pérdida de un ser querido que se puede decir con bastante seguridad acerca de todas las personas: nunca se supera con rapidez. Esa clase de dolor necesita tiempo y espacio; tiempo para comprender el cambio irreversible de haber perdido a alguien a quien se ama, y espacio para despejar y reconocer emociones conflictivas.

Algunas personas experimentan una fortaleza sorprendente durante los primeros días después de un fallecimiento, pero incluso ellas no tardan en sentir todo el impacto de la pérdida. ¿Cómo podría alguien no necesitar de tiempo para adaptarse? Una persona de 45 años que conozco, cuyo padre se quitó la vida hace décadas, no pudo hablar de ello abiertamente hasta hace muy poco. Y una amiga de mi esposa, que había perdido a su única hija a causa de la esclerosis múltiple, todavía llora a veces por ella, a pesar de que ya han pasado veinte años. A menudo, la capacidad para recuperarse con rapidez resulta ser otra cosa, como la habilidad para enmascarar el dolor. Y aunque es una verdad de «sentido común» que el tiempo todo lo cura, es posible que eso no sea cierto para todos, ya que, para algunos, el dolor por la pérdida de un ser querido no hace sino intensificarse con el tiempo.

En cuanto a la popular idea de «cerrar la herida», Bud, que en 1995 perdió a su hija Julie, de 23 años de edad, en la bomba que estalló en el edificio federal de la ciudad de Oklahoma, dice lo siguiente: «No soporto esa expresión . . . Me he cansado de ella. La primera vez que alguien me habló de «cerrar la herida» fue al día siguiente de haber enterrado a Julie. ¡Al día siguiente! Por aquel entonces yo todavía estaba en el infierno del dolor y, en cierto modo, aún lo estoy. ¿Cómo se puede «cerrar la herida» si ha desaparecido una parte de mi corazón?».

Alexis, una mujer cuyo hermano se suicidó, siente lo mismo que después de lo que ocurrió hace ya treinta años: «El dolor sigue estando ahí y no dejo de preguntarme cómo podría haberlo evitado. ¿Fue por algo que dije o hice?». En ocasiones, ningún gesto exterior, ninguna palabra de consuelo o de ánimo, ningún recuerdo feliz son suficientes para eliminar la culpabilidad que experimenta una persona.

En resumen, no hay «respuesta» al rompecabezas del dolor por la pérdida de una persona querida. Lo que sí existe es la solidaridad y quienes han experimentado sus bendiciones pueden estar seguros de que si una persona, por sí sola, no puede mantenerse bajo el peso aplastante de la pérdida, la parte más dura del mismo se puede aliviar o al menos aligerar cuando se comparte.

Y para quienes estén abiertos a ello existe el consuelo de saber que aun cuando Dios no nos proteja de los momentos duros y del dolor, ha prometido que está cerca de todos aquellos que sufren. Según dice el Salmo 34: «El Señor está cerca de los quebrantados de corazón, y salva a los de espíritu abatido».

Resurrección

En 1867, cuando se estrenó
el magnífico *Requiem* de Johannes Brahms, el público se
quedó atónito. En lugar de haber musicado las oraciones
habituales en los funerales el compositor había tomado
versículos de las Sagradas Escrituras que hablan de consuelo y esperanza.

Ahora estáis afligidos;
Pero yo os volveré a ver,
vuestro corazón se regocijará
y nada podrá privaros
de vuestro gozo.
(Juan 16:22–23a)

Os consolaré,
como una madre consuela a su hijo.
(Isaias 66:13)

Mírame:
Qué escaso tiempo de fatigas
y trabajos he vivido
y he hallado un gran consuelo.
(Siracide 51:27)

Desde un punto de vista artístico, estas estrofas demostraron el don de Brahms para insuflar nueva vida a una forma antigua. Pero eso también tenía otra dimensión más significativa. Dos años antes había muerto su madre y, al elegir las palabras que se correspondían con su propio dolor, encontró una expresión creativa para este y una cierta medida de consuelo.

Tras haber perdido a mis padres hace dos décadas y sintiendo todavía la pérdida intensamente en ocasiones, dudo mucho de que Brahms pudiera «superar» la muerte de su madre con una obra de arte. Probablemente, siguió lamentando su pérdida durante años. Su *Requiem*, sin embargo, refleja una verdad que no se puede negar, a pesar de que nunca «se cierra la herida» por completo. Aunque el dolor por la pérdida de un ser querido es una realidad dura y perdurable, existe una realidad aún mayor a la que en último término se tiene que doblegar la tristeza y es la esperanza.

Los hombres y mujeres de todas las culturas han encontrado consuelo y valor en la convicción de que la muerte no es el final, sino que va seguida por otra vida

mejor. Cómo será esa vida y qué forma adoptará son
cuestiones que han preocupado al ser humano desde hace
muchos siglos y las respuestas que ha encontrado la gente
para ellas llenarían fácilmente, por sí solas, otro libro.

En términos generales, las principales religiones del
mundo están de acuerdo en que aun cuando nuestros
cuerpos se descomponen y regresan a la tierra, nuestras almas se liberan y pasan a otro plano, regresando
a su fuente o moviéndose para encontrar otra estruc-
tura. Según expresa Clarence Bauman: «Al no ser física,
nuestra psique no se halla sometida a la descomposición,
sino que se conserva dentro de un más amplio marco
espiritual infinito. Del mismo modo que nuestro cuerpo
descompuesto queda reabsorbido por este planeta, nuestros componentes mentales y espirituales se transponen
al ámbito que, en último término, determina el origen y
el destino de todo el conocimiento y el ser».

Mi abuelo, el escritor Eberhard Arnold, al explicar el
mismo proceso en términos diferentes, dice que nuestra
carne, sangre y huesos no son nuestro verdadero ser en su
sentido más cierto y profundo. Al ser mortales, mueren.
La verdadera sede de nuestro ser, el alma, pasa de la mortalidad a la inmortalidad y de lo temporal a lo intemporal.
Regresa del cuerpo en el que se infundió a su autor, Dios.
Por eso, dice mi abuelo, el alma humana anhela perpe-
tuamente a Dios y por eso, en lugar de morir, somos

«llamados a la eternidad», donde nos reunimos con él.

Para aquellos de nosotros que nos consideramos cristianos, es imposible contemplar un futuro así sin recordar la resurrección de Jesús, el «hijo del hombre», y el precio que pagó por ello: una horrorosa muerte sobre una cruz romana. Después de todo, esta muerte no fue simplemente un hecho histórico aislado, sino la inevitable puerta de entrada (como indicó él mismo al decir: «Síganme») por la que tiene que pasar cada uno de nosotros si queremos compartir conél la vida eterna. «El que encuentre su vida, la perderá, y el que la pierda por mi causa, la encontrará» (Mateo 10:39).

En la medida en que nuestros caminos tienen que seguir el de Cristo, el temor a la muerte no sólo es comprensible, sino natural. Él mismo exclamó angustiado: «Padre, ¿por qué me has abandonado?». La primera vez que escuché la historia de la crucifixión, narrada por mi padre, no pude soportar tanta crueldad y todo en mí se rebeló. ¿Por qué no podía haber una Semana Santa sin los horrores del Viernes Santo?

Con el transcurso de los años, sin embargo, encontré una respuesta que he podido aceptar: del mismo modo que no puede haber primavera sin los fríos rigores del invierno que la antecede, del mismo modo que la gloria de una salida del sol no sería nada si no rompiera la oscuridad de la noche, así el dolor del sufrimiento tiene que preceder al triunfo de la nueva vida. Al encontrar esta fe, pude superar gradualmente mi temor a la muerte.

Quienes no creen en una vida después de la muerte desprecian a veces la idea, considerándola fuera de lugar, algo muy comprensible si tenemos en cuenta nuestra incapacidad para describir el futuro, excepto en términos de vagas esperanzas. Pero para una persona moribunda que tiene fe en la resurrección, no se trata de una simple abstracción, sino de una fuente de valor y fortaleza tan reales que incluso puede alterarles físicamente. En ocasiones, es cuestión de algo tan sencillo como una sonrisa; otras veces se produce una inesperada explosión de energía o la repentina recuperación de la movilidad y la capacidad para hablar. Es como si la persona moribunda se encontrase en el umbral de la eternidad. Momentos como estos indican la inmortalidad del alma y la belleza que todavía existe en el cuerpo más agotado y decrépito.

El poeta William Blake, que durante toda su vida se sintió cautivado por los temas del cielo, el infierno, el tiempo y la eternidad, dijo que, para él, morir no sería más que «pasar de una habitación a otra». Según su esposa, mantuvo esa seguridad en sí mismo incluso en sus horas finales, que pasó tumbado en la cama, débil pero alegre, cantando una canción tras otra.

El filósofo Sören Kierkegaard, que murió a los cuarenta y dos años, encontró la muerte con una alegría similar y con la certeza de que aquello no era el final, sino un principio. Su sobrino escribió:

Nunca he visto al espíritu romper el cascarón terrenal y separarse de él con tanta gloria . . . Me tomó la mano entre las suyas, ¡qué pequeñas, delgadas, pálidas y transparentes eran!, y me dijo: «Gracias por haber venido y ahora, me despido». Pero estas sencillas palabras estuvieron acompañadas por una mirada como no había visto otra igual en mi vida. Despedía un resplandor sublime y bendito que me pareció como si iluminara toda la estancia. Todo quedó concentrado en aquellos ojos, como la fuente de luz y del amor más sentido, como la bendita disolución de la tristeza, una penetrante claridad de la mente y una sonrisa burlona.

Jabez, un anciano de 92 años, a quien mis padres conocieron en Inglaterra, durante la Segunda Guerra Mundial, afrontó la muerte con una alegría similar. En este caso, sin embargo, hubo otro matiz. Según mi padre, este patriarca de barba blanca no se sentía lo más mínimamente preocupado por sí mismo, sino que tenía la vista puesta en algo mucho más grande. Sentado en su silla y mirando hacia los campos maduros, habló a menudo de la siguiente y mayor cosecha de Dios y de la gloria eterna que luego se extendería sobre la tierra. Era un hombre que vivía en la diaria expectación de la próxima venida del Mesías.

Es muy raro que a una persona se le conceda tal amplitud de miras y que se distancie tanto de las preocupaciones que suelen agobiar a los moribundos. Pero aunque nuestra visión sea limitada no tenemos necesidad alguna de pasar nuestros últimos días sumidos en la ansiedad y el temor. Al recordar los diez últimos días de la vida de su madre, durante los que estuvo en la cama, la escritora Dorothy Day nos recuerda que mientras nos aferremos a la proverbial semilla de mostaza, seremos conducidos a través de la duda y la desesperación.

Sentarse junto a una persona que se está muriendo y observar toda la intensidad de lo que está ocurriendo . . . Es una lucha, un temor, una mueca, un forcejeo físico por respirar, por tragar, por vivir.

Fue duro hablar de la muerte, pero de vez en cuando lo hicimos. Le dije que no podíamos imaginar la vida más allá de la tumba, del mismo modo que un ciego no puede imaginar los colores. Pero también hablamos de fe y de cómo —puesto que nuestro conocimiento es como un puente que aspira a alcanzar un fin, de modo que no acaba de llegar a la otra orilla—, debemos rezar siempre: «Creo, oh, Dios. Ayúdame en mi incredulidad». Una oración maravillosa.

Y tenemos que recordar que, para el creyente, la muerte no significa que se le arrebate la vida, sino que esta cambia. Pues cuando se nos arrebata nuestra morada aquí, en la tierra, en el cielo todavía nos espera un hogar eterno.

En cierto modo, no se exige tener mucha fe para creer en la transformación de la que se nos habla. Quizá sea milagrosa, pero aún se la puede ver cotidianamente en la naturaleza, en el surgimiento de una mariposa a partir de lo que antes fuera una crisálida, o en el brote a partir de lo que fuera una semilla en putrefacción. En cuanto a los misterios de la vida más allá de la muerte, tampoco nos están completamente vedados. Tras haber asistido a los momentos finales de muchas personas, he percibido la cercanía de otro lugar, llámese eternidad, cielo, Reino de Dios o lo que sea, y según quienes trabajan en las residencias de ancianos y en otros centros, citados en el libro *Regalos finales*, esta es una experiencia bastante corriente entre quienes se ocupan de atender a los moribundos en sus momentos finales.

Las personas a punto de morir pueden ver una luz brillante o bien otro lugar. Algunas revisan sus vidas y adquieren una comprensión más completa del significado de la vida . . . Frecuentemente ven visiones fugaces de otro mundo y de quienes les esperan en él. Aunque nos proporcionan pocos detalles, hablan con sumo respeto y maravilla de la paz y la belleza que observan en ese otro lugar. Dicen hablar con personas a las que no pueden ver . . . personas a las que conocieron y amaron. Hasta es posible que nos digan cuándo se producirán sus propias muertes.

Nick, al que ya cité en el capítulo anterior, dice que cuando su hermano Matt exhaló su último suspiro, pudo observar esa visión tras tomar conciencia de otra presencia o dimensión en la estancia:

Inmediatamente después de la partida de Matt, su esposa dijo que pudo escuchar música o algo similar. Dijo que era como un cántico, pero más parecido a un sonido bullicioso. Es extraño, pero juro que cuando ella lo dijo presté atención y también pude escuchar algo. Eso me ha conducido a un nivel de pensamiento diferente acerca de todo. Creo que estamos tan interconectados con el otro mundo, o como se le quiera llamar, que a veces lo captamos. Tenemos nuestros propios y pequeños planes y seguimos adelante con nuestras pequeñas vidas, pero esa conexión siempre existe.

Limitados como estamos por el tiempo y el espacio, no podemos hacer otra cosa sino suponer lo que todo esto puede significar; según dice el apóstol Pablo, sólo podemos ver «a través de un cristal oscuro». De todos modos, la percepción fugaz de la eternidad, como bien descubrió Nick, puede cambiar toda nuestra visión del mundo de una forma significativa y recordarnos que el cielo no es sólo una entelequia, sino una realidad que existe aquí y ahora, aunque sea misteriosa para nosotros.

Inicié este libro con la historia de mi hermana Marianne, que murió cuando yo tenía seis años. Pero esa no fue, en realidad, la primera muerte que se produjo en nuestra familia. Ocho años antes, mis padres habían perdido a otra hija, Emmy, su primer bebé, cuando sólo tenía tres meses de edad. Las siguientes notas, tomadas del diario de mi madre, revelan la profundidad de la angustia que sintió. Y, no obstante, también reflejan una profunda confianza en la promesa de la resurrección y, debido a ello, quisiera cerrar el libro con ellas. Al considerarlas como un recordatorio de que el amor es más grande que el temor y la vida más poderosa que la muerte, siempre me han dado esperanza:

Los últimos días de la vida de nuestro bebé fueron muy duros de soportar para nosotros, a pesar de lo cual fueron grandiosos y poderosos y estuvieron llenos de promesas debido a la cercanía de Cristo. Cada vez que intercedíamos por nuestra pequeña y nos recogíamos interiormente, los poderes de la muerte retrocedían y ella revivía. Mientras que antes permanecía apática y no respondía a los tratamientos, con los ojos semicerrados, una respiración superficial y un pulso muy débil, ahora abría de pronto los ojos, nos miraba y lloraba, moviendo sus manitas y girando la cabeza cada vez que la tocábamos . . .

En la habitación donde ella estaba había un ambiente de amor que provenía de ella y que llenaba toda la casa, que nos unía en el amor el uno al otro. Nos turnamos para cuidarla y atenderla. Fue una dura lucha y ella se esforzó con valentía; parecía increíble que sólo fuese un diminuto bebé . . .

Justo antes del final, abrió mucho los ojos, más que en ninguna otra ocasión. Luego, con una mirada clara, como de otro mundo, nos miró a los dos durante largo rato. En aquellos ojos no había ninguna pena y sufrimiento, sino un mensaje del otro mundo, un mensaje de alegría. Sus ojos no estaban apagados y llorosos, sino brillantes y relucientes. Naturalmente, no pudo decirnos nada con palabras, pero aquellos ojos atestiguaban el esplendor celestial y la inenarrable alegría que hay en Cristo. Y, con aquella mirada, nuestro querido bebé nos dejó. Nunca olvidaré sus radiantes ojos.

Epílogo

Está claro que cuando una persona muere, la eternidad llama a su puerta. Pero ¿llama también a la puerta de cada uno de nosotros, en cada ocasión? Eso no es nada difícil de imaginar si somos ancianos o nos sentimos enfermos, pero ya resulta mucho más difícil de concebir para aquellos de nosotros que disfrutamos de buena salud o que nos encontramos en lo mejor de nuestra vida. Entonces es mucho más probable que veamos la muerte como algo negativo y que la alejemos de nuestro pensamiento como un recordatorio indeseable de que no todo sueño de vida duradera y feliz se hace realidad. Pero aunque alejemos ese pensamiento de nuestra mente, al levantarnos cada mañana nunca podemos saber si nos quedan todavía décadas de vida o únicamente días.

Hace apenas unas semanas, nuestra sobrina Carmen, de 32 años de edad, profesora de segundo grado y madre de cuatro hijos, estaba ocupada tratando de equilibrar las exigencias que le planteaban la maternidad y el trabajo. Durante este tiempo se le ha diagnosticado una esclerosis múltiple y ya no puede mantenerse en pie delante de una pizarra ni bañar a su bebé. Hace pocos días tocó su viola en la boda de mi hija menor; ahora se siente tan débil que apenas si puede levantar la cabeza. Dada la naturaleza de su enfermedad, Carmen podría volver a levantarse pronto. Pero también podría verse atada durante el resto de su vida a una silla de ruedas.

Luego está mi primo Ben, de sesenta y ocho años de edad, que recientemente se vio afectado por el cáncer. La enfermedad se extendió tan agresivamente que para cuando se le diagnosticó tuvieron que descartar tanto la cirugía como la quimioterapia como opciones efectivas para su tratamiento. Aunque se mantiene estable por el momento y gana tiempo a base de analgésicos y bloqueadores hormonales, podría iniciar la marcha cuesta abajo en cualquier momento, algo de lo que es muy dolorosamente consciente, sobre todo en los días malos. Al mismo tiempo, se le ve siempre tan animado que difícilmente cabría imaginar todo el infierno al que se enfrenta interiormente: náuseas, fiebres, noches inquietas y momentos en los que la idea de separarse de su esposa, con quien está casado desde hace cuarenta años, se le hace tan insoportable, que no puede evitar las lágrimas.

Debido al estado médico de Ben, se ve obligado a afrontar diariamente la idea de la muerte y, cuando esta lo ataca, el demonio del temor. Pero aunque alguien como él sea mucho más consciente de su mortalidad que usted o que yo, ¿acasó no somos todos igualmente frágiles ante los ojos de Dios? Dada la incertidumbre de cualquier vida de una semana a otra, ¿no debería cada enfermedad, cada muerte, hablarnos y desafiar nuestra complacencia? Tal como nos recuerda Joseph Conrad, en *Lord Jim*, nuestros días están contados, tanto si nos gusta como si no y «nunca hay tiempo para decir nuestra última palabra, la última palabra de amor, de deseo, fe, remordimiento...»

Ver morir a alguien es siempre una experiencia desconcertante. Pero la muerte no tiene por qué decir la última palabra. Y si bien parece que la dice, quizá sea porque dedicamos demasiado tiempo a concentrar nuestro temor en ella. Lo mismo que animales petrificados bajo los faros deslumbrantes del vehículo que se abalanza sobre ellos, estamos tan hipnotizados por la muerte que nos olvidamos de la promesa de vida eterna que la sigue. Bonhoeffer nos advierte, adecuadamente:

Prestamos más atención a morir que a la muerte. Nos preocupa más pasar el acto de morir que superar la muerte.

Sócrates dominó el arte de morir; Cristo superó la muerte como último enemigo. Existe una verdadera diferencia entre las dos cosas; la una entra dentro del alcance de las posibilidades humanas; la otra significa resurrección. No es en virtud del *ars moriendi* (el arte de morir), como podrá soplar un viento nuevo y vivificador sobre nuestro mundo presente. Eso únicamente lo puede producir la resurrección de Cristo. Esta es la respuesta que encontró Arquímedes al desafío: «Dadme un punto de apoyo y moveré el mundo». Si aunque sólo fuesen unas pocas personas las que creyeran realmente eso y actuaran en consecuencia en sus vidas cotidianas, cambiarían muchas cosas . . . Eso es lo que significa vivir a la luz de la resurrección.

Bonhoeffer, un mártir que se negó a doblegar su conciencia a las exigencias del Tercer Reich de Hitler, fue a la cárcel sin temor y, para mí, esas palabras contienen la verdadera clave de su atrevimiento. También contienen una chispa vital de sabiduría: la idea de que el mejor camino, el único camino para superar verdaderamente el temor a la muerte es el de vivir la vida de tal modo que su significado no nos pueda ser arrebatado por la muerte.

Estas palabras suenan grandilocuentes, pero en realidad son muy sencillas. Significan luchar contra el impulso de vivir para nosotros mismos, en lugar de hacerlo para los otros. Significan elegir la generosidad antes que la avaricia. También significan vivir humildemente, en lugar de buscar la influencia y el poder. Finalmente, significan estar preparados para morir una y otra vez, para nosotros mismos y para cualquier opinión o agenda que implique autoservicio.

En *Historia de Navidad*, de Charles Dickens, el viejo y amargado contable Mr. Scrooge nos ofrece una ilustración memorable. Con los puños apretados y jadeante, pasa por la vida arrastrando una cadena que él mismo se ha forjado, eslabón a eslabón, con cada uno de sus miserables actos. Tras haberse cerrado a la relación humana, vive en un universo tan calculado y frío que nadie escapa a sus recelos. No tarda mucho en empezar a despreciarse a sí mismo y en buscar una forma de salir de su miseria. Pero no la encuentra. Está atrapado, encerrado en la prisión de sí mismo. Y, lo que es peor, por la noche se siente acosado por sueños de muerte y se aterroriza ante su cercanía.

Entonces, cambia. Liberado por esos mismos sueños, las escamas le caen de los ojos y ve una forma de salir: «Ha llegado el momento de hacer cambios». Al no sentirse ya consumido por sus propias necesidades, se siente libre para amar. Y al ir de una persona conocida a otra, redescubre el mundo que le rodea con toda la desprendida felicidad de un niño.

Esa felicidad también puede ser nuestra si vivimos para el amor. Y, por «amor» no me refiero simplemente a la emoción ni a un ideal grandioso y abstracto, sino al poder capaz de cambiar la vida, del que nos habla Jesús cuando dice:

> Porque tuve hambre, y ustedes me dieron de comer; tuve sed, y me dieron de beber; fui forastero, y me dieron alojamiento; necesité ropa, y me vistieron; estuve enfermo, y me atendieron; estuve en la cárcel, y me visitaron (Mateo 25:35–36).

El amor es una realidad tangible. En ocasiones, nace de la pasión o de la devoción; en otras ocasiones es un fruto ganado duramente, que exige trabajo y sacrificio. La fuente de la que proceda no es lo importante. Pero no podremos salir al encuentro de la muerte con confianza, cuando esta llegue, si antes no hemos vivido para el amor. Y lo digo porque estoy seguro de que cuando exhalemos nuestro último suspiro y nuestra alma se encuentre con Dios, no se nos preguntará cuánto hemos conseguido, sino si hemos amado lo suficiente. Por citar a San Juan de la Cruz: «En el ocaso de la vida seréis juzgados según vuestro amor».

Cuando mi tía-abuela, Else, estaba muriéndose de tuberculosis, una amiga le preguntó si tenía un último deseo, a lo que ella contestó: «Sólo amar más». Si vivimos nuestras vidas en el amor, conoceremos la paz en el momento de nuestra muerte. Y no tendremos miedo.

Sobre el autor

Muchas personas han encontrado valiosos consejos de parte de Johann Christoph Arnold, galardonado autor con más de un millón de ejemplares de libros impresos en más de 20 idiomas.

Destacado conferencista y escritor sobre el matrimonio, la crianza de los hijos, la educación y la senectud, Arnold fue pastor principal del Bruderhof, movimiento de comunidades cristianas. Junto con su esposa Verena, aconsejó a miles de personas y familias durante más de 40 años, hasta su muerte en abril de 2017.

El mensaje de Arnold tomó forma a partir de encuentros con grandes pacificadores como Martin Luther King

Jr., la Madre Teresa, Dorothy Day, César Chávez y Juan Pablo II. Junto con Steven McDonald, un oficial de policía paralítico, Arnold comenzó el programa Breaking the Cycle (Rompiendo el ciclo), que trabaja con estudiantes en cientos de escuelas públicas para promover la reconciliación a través del perdón. Este trabajo también lo llevó a zonas de conflicto, desde Irlanda del Norte y Ruanda hasta el Oriente Medio. Muy cerca de su casa, sirvió como capellán en el departamento de policía local. Arnold nació en Gran Bretaña en 1940, hijo de refugiados alemanes. Pasó sus años de infancia en América del Sur, donde sus padres encontraron asilo durante la guerra y emigró al estado de Nueva York, EEUU, en 1955. Él y su esposa tienen ocho hijos y muchos nietos y bisnietos.

Otras obras del autor publicadas por Plough Publishing House

En busca de paz: apuntes y conversaciones en el camino

Setenta veces siete: reconciliación en nuestra sociedad

Su nombre es hoy: recuperando la niñez en un mundo hostil

La riqueza de los años: encontrar paz y propósito en la edad

Porqué importan los niños

Dios, sexo, y matrimonio

*Todos los títulos en español están disponibles
en www.plough.com*
Plough Publishing House
1-800-521-8011
151 Bowne Drive, PO Box 398, Walden, NY 12586, USA
Brightling Rd, Robertsbridge, East Sussex TN32 5DR, UK
4188 Gwydir Highway, Elsmore, NSW 2360, AU

CPSIA information can be obtained
at www.ICGtesting.com
Printed in the USA
JSHW051230210621
16074JS00014B/70

9 780874 866872